Guía completa del Pastor Australiano

Kirsten Tardiff

Datos de Publicación

Kirsten Tardiff

Guía completa del Pastor Australiano ---- Primera edición.

Resumen: "Cómo criar con éxito un Perro Pastor Australiano desde cachorro hasta la vejez" --- Proporcionado por el editor.

ISBN: 978-1-961846-61-6

[1.Perros Pastor Australiano --- No Ficción] I. Título.

Este libro ha sido escrito con la intención de proporcionar información precisa y autorizada con respecto al tema incluido. Si bien se han tomado todas las precauciones razonables en la preparación de este libro, el autor y el editor rechazan expresamente cualquier responsabilidad por errores, omisiones o efectos adversos derivados del uso o aplicación de la información contenida en su interior. Las técnicas y sugerencias deben utilizarse a discreción del lector y no deben considerarse un sustituto de la atención veterinaria profesional. Si sospechas que tu perro tiene un problema médico, consulta a tu veterinario.

Diseño por Sorin Rădulescu

Primera edición en español, 2025

CAPÍTULO 1

CAPÍTULO 2

CAPÍTULO 3

CAPÍTULO 1
Acerca del Pastor Australiano

¿Qué es un Pastor Australiano?

«Incluso el Aussie con más impulso de trabajo, si está bien vinculado, se sentará a tu lado cuando estés decaído o herido. Realmente se preocupan por su manada y sus humanos. Nunca he tenido un Aussie que tuviera la misma personalidad que otro. Cada uno es verdaderamente único».

Joan Fry
Bella Loma Kennels

*Foto cortesía de
Karie King
Kicking K Australian Shepehrds*

os Pastores Australianos pertenecen al grupo de perros pastores, originalmente criados para trabajar con ganado. Tienen la resistencia y agilidad para controlar al ganado más revoltoso, pero también la inteligencia y delicadeza para mover patos torpes y frágiles. Tienen un increíble impulso y deseo de complacer a su dueño y son altamente valorados en deportes de rendimiento como Agility y Obediencia. Los Aussies aman lo que hacen, y lo hacen todo bien. ¡Nunca encontrarás un compañero más entusiasta que un Pastor Australiano!

Historia del Pastor Australiano

Su nombre es algo engañoso: los Aussies son una raza creada en Estados Unidos. Los pastores vascos en Europa desarrollaron un perro pastor llamado Pastor de los Pirineos que emigró con ellos a Australia a principios del siglo XIX. Se cree que allí, los perros fueron cruzados con Border Collies y otras razas antes de migrar nuevamente a finales del siglo XIX, esta vez a la costa oeste de Estados Unidos. Estos "pequeños perros azules" se adaptaron a los deseos y necesidades de granjeros y rancheros en el Oeste norteamericano, lo que permitió perfeccionar aún más la raza.

Después de la Segunda Guerra Mundial, el Pastor Australiano captó la atención del público estadounidense gracias a la celebridad del estilo de vida del Oeste. Los Aussies se veían a menudo en rodeos realizando trucos que entretenían al público y pronto se convirtieron en presencias habituales en exhibiciones ecuestres. También comenzaron a aparecer en películas y programas de televisión, lo que incrementó aún más su reconocimiento. En 1957 se fundó el primer club de la raza y, desde entonces, los Aussies han disfrutado de un constante aumento en popularidad en todo el mundo. En los Estados Unidos, se clasifican como la 17ª raza de perro más popular en 2019 según estadísticas del American Kennel Club (AKC).

Hoy en día, la mayoría de los Aussies son mascotas queridas o competidores exitosos en varios deportes caninos. Muchos todavía trabajan en ranchos y granjas, ayudando a mover y controlar el ganado para sus propietarios. Este trabajo los convierte a menudo en ayudantes indispensables, ya que ahorran tiempo y esfuerzo a sus dueños.

Características Físicas

Los Pastores Australianos fueron reconocidos formalmente como raza cuando se formó el Club del Pastor Australiano de América (ASCA, por sus siglas en inglés) en 1957. No fue hasta 1990 que recibieron el reconocimiento oficial por parte de la Federación Cinológica Internacional (FCI). Ambos clubes cuentan con un estándar racial escrito que dicta cómo debe ser el Pastor Australiano ideal en cuanto a apariencia y qué características de temperamento debe presentar.

Los Aussies son generalmente perros de tamaño mediano, que pesan entre 16 y 25 kg y miden entre 45 y 58 cm de altura. Contrario a la creencia popular, el estándar oficial de la FCI (Federación Cinológica Internacional), reconocido en la mayoría de países hispanohablantes, no acepta variaciones de tamaño para esta raza (como "Toy", "Miniatura", o "Estándar"). En el caso del Pastor Australiano, se priorizan la calidad y la ética de trabajo por encima del tamaño. Recientemente, se desarrolló una raza separada llamada Pastor Americano Miniatura a partir de ejemplares más pequeños del Pastor Australiano, para aquellos que buscan un perro similar pero de menor tamaño.

El Pastor Australiano presenta proporciones corporales rectangulares y una estructura ósea de tamaño medio. Su cabeza es de anchura moderada, con el cráneo y el hocico de igual longitud. Los labios deben ser firmes, sin babear, y los ojos de forma almendrada, inteligentes y expresivos. Esta forma de cráneo y ojos los protege de posibles impactos durante el trabajo con ganado en movimiento. Sus orejas se ubican en la parte alta de la cabeza y se doblan hacia adelante (llamadas "orejas en botón") o hacia los lados (orejas "en rosa"), lo que mantiene sus orejas limpias y secas. El cuerpo debe ser ágil, atlético y musculoso; con la capacidad de responder con rapidez ante cualquier estímulo. Los Aussies fueron criados de esta manera para poder trabajar de forma segura y efectiva todo el día moviendo ganado. Uno de los rasgos más notables de la raza es su cola naturalmente corta, que les da una apariencia única y un movimiento particular de la parte posterior del cuerpo cuando están emocionados.

Esta raza debe tener un pelaje de longitud media y doble capa: una interna, de pelo corto y fino, y una externa, de pelo más largo y áspero. Aunque su pelaje es generalmente fácil de cuidar, muda abundantemente según la temporada. El pelaje de los Aussies pueden presentarse en cuatro colores base: negro, rojo, blue merle y red merle. También puede tener marcas de color cobre, con o sin manchas blancas. Un ejemplar tricolor (o "tri") tiene el color base del pelaje y manchas cobre y blancas. Un bicolor tiene solo el color base y manchas blancas. En cambio, un perro con color base y cobre, pero sin manchas blan-

Foto cortesía de
Francine Guerra

11

cas, se llama "rojo y cobre", "negro y cobre", etc. Si no presenta blanco ni cobre es "azul liso", "rojo liso", etc.

Los Aussies también son conocidos por su gran variedad en colores de ojos, que van desde diferentes tonos de marrón, avellana/verde, amarillo/ámbar, o azul, hasta ojos marmoleados u ojos de diferentes colores. Los ejemplares merle pueden presentan ojos azules o marmoleados debido al color de su pelaje.

Características de Comportamiento

«Los Pastores Australianos son reservados con los desconocidos. Esto no significa que sean tímidos o agresivos, sino que al principio no son el mejor amigo de todos».

Heidi Mobley
Western Hills Australian Shepherds

Los Aussies fueron desarrollados como una raza de pastoreo eficaz y versátil, aunque existe una variabilidad notable entre líneas y ejemplares. La mayoría muestra instintos de pastoreo de forma natural, como correr tras objetos en movimiento y zigzaguear detrás de ellos, o mordisquear los talones de personas, animales u otros perros. Aunque muchos Aussies utilizan su boca para mover y controlar lo que sea que se mueva a su alrededor (conducta conocida como "agarre"), no son viciosos y no muestran agresión injustificada. Por lo general, esta no es una raza ruidosa, pero ladrarán como señal de alerta si algo anda mal.

Esta raza es muy inteligente y requiere estimulación mental constante. Son lo suficientemente listos como para resolver problemas y manipular su entorno (incluidos sus dueños) para entretenerse y conseguir lo que quieren si no se les da algo que hacer. Los Aussies viven para complacer a sus propietarios y aman estar con su familia. De hecho, se han ganado el apodo de "perros velcro" debido a su tendencia a seguir a sus humanos a todas partes. No suelen responder bien a estilos de entrenamiento muy severos, pero prosperan si se los elogia por un trabajo bien hecho. Típicamente tienen mucha energía y necesitan ejercicio físico diario para mantenerse en forma y evitar la agitación debido a la energía acumulada.

Los Pastores Australianos suelen ser reservados con los extraños. No saludan con entusiasmo a personas nuevas, sino que las tratan con indiferencia.

*Foto cortesía de
Amanda Watkins*

Foto cortesía de Julie Caywood

Tienden a proteger su hogar y su territorio contra intrusos, por lo que requieren de interacciones sociales positivas desde una edad temprana para enseñarles a discernir entre un amigo y un enemigo. Algunos ejemplares pueden carecer de confianza y ser tímidos o temerosos. En esos casos, necesitarán mucho entrenamiento y socialización gradual durante su crecimiento para favorecer un desarrollo equilibrado en la etapa adulta.

¿Es el Pastor Australiano la raza adecuada para ti?

«Debido a que la raza fue creada para ayudar al ranchero en múltiples tareas, el Pastor Australiano tiene una fuerte conexión con su amo. Esto significa que suele estar pendiente de ti y dispuesto a actuar cuando lo necesites».

Tina Beck
Goldcrest Aussies

Los Aussies presentan ciertos desafíos para los posibles propietarios. Al momento de seleccionar una raza para tu hogar, considera cuánto tiempo tienes, las actividades que te gusta realizar y lo que realmente deseas en un nuevo compañero. La mayoría de los perros viven un promedio de 12 a 14 años, lo cual es un compromiso enorme. Tómate el tiempo necesario para asegurarte de que un Aussie no solo aportará alegría a tu vida y a tu hogar, sino que también será feliz viviendo contigo.

Foto cortesía de Kelsey Dickerson

Foto cortesia de
Chris Barnes

¿Qué tipo de hogar puedes ofrecerle a un Aussie? Estos perros históricamente vivían en enormes ranchos y granjas, con mucho espacio para moverse y trabajar. Si bien no requieren muchas hectáreas o cantidades masivas de espacio, un patio cercado de tamaño mediano a grande es ideal. Si no tienes patio, ¿podrás comprometerte a realizar largas caminatas, trotar, hacer senderismo o visitas al parque para satisfacer sus requisitos de ejercicio? Además, aunque tradicionalmente los Aussies se criaban al aire libre, pasaban gran parte del día junto a sus dueños, trabajando con el ganado. Un Aussie que se ve obligado a pasar la mayor parte de su tiempo lejos de su familia será infeliz. Para la mayoría de las familias hoy en día, eso significa que el lugar de un Aussie está dentro de la casa. Aunque les encanta estar al aire libre, lo que estos perros más desean es estar con sus personas favoritas.

Dado que es una raza muy inteligente, un Aussie necesitará entrenamiento. Lo ideal, es al menos una clase de socialización para cachorros para una base sólida. Todos los perros necesitan límites y expectativas claras, y los Aussies, en particular, prosperan cuando se les da un "trabajo" que hacer. Esto puede incluir aprender trucos, competir en deportes caninos, ayudarte a reunir el ganado, o más. No espere que un Aussie se contente con sentarse en el sofá todo el día; debes estar dispuesto a dedicar tiempo todos los días para realizar actividades que lo estimulen y enseñarle lo que esperas de él. Afortunadamente, ¡son fáciles de entrenar y muy dispuestos a aprender!

Los Aussies tienen un pelaje grueso que requiere cepillado semanal para su mantenimiento, y con mayor frecuencia durante períodos de muda intensa. Si no toleras ver mechones de pelo en tu ropa y en el suelo, ¡esta puede no ser la raza para usted! Es importante que desde cachorro lo acostumbres al cepillado para que el aseo no se convierta en una experiencia estresante más adelante. Como cualquier perro, los Aussies necesitan que le recortes las uñas con regularidad, les limpies los dientes y oídos, y les des baños ocasionales para ayudar a mantener su piel saludable y con un buen olor. Si no planeas encargarte tú mismo del acicalado, considera si podrás llevarlo a un peluquero profesional cada 8 semanas.

¿Podés proporcionar el espacio, ejercicio y tiempo que un Aussie necesita para convertirse en un miembro feliz y saludable de tu familia? Si no es así, es posible que debas reconsiderar incorporar uno de estos perros a tu hogar. Pero si la respuesta es sí, ¡felicidades! Estás eligiendo un perro versátil, inteligente y entusiasta, que dedicará cada día a intentar complacerte.

CAPÍTULO 2
Cómo elegir un Pastor Australiano

Si ya decidiste que el Pastor Australiano es el perro ideal para ti y tu familia, ahora es el momento de pensar dónde vas a conseguir a tu nuevo compañero. Aunque estés súper emocionado, no es buena idea apresurarse. Encontrar el mejor ejemplar requerirá un poco de paciencia y planificación.

Comprar vs. Adoptar

Hay mucho debate sobre qué es mejor: obtener a tu compañero de un criador o adoptarlo de un refugio. La verdad es que no hay una única respuesta correcta, ¡las dos opciones pueden ser buenas! Todo depende de tu estilo de vida, lo que buscas en un perro y el tiempo que le puedas dedicar.

Foto cortesía de Francine Guerra

Adquirir un cachorro de un criador responsable tiene varias ventajas. Por ejemplo, los buenos criadores hacen pruebas de salud a los progenitores, te ofrecen garantías sanitarias y te brindan su apoyo. Un criador serio dedica mucho tiempo a evaluar sus perros para criar únicamente ejemplares de la mejor calidad. Si los progenitores muestran los rasgos que usted busca, es más probable que el cachorro también los herede. Además, un criador comprometido garantiza la salud de sus cachorros te brinda su apoyo durante toda la vida del perro y puede convertirse rápidamente en la mejor fuente de información sobre tu mascota.

La principal desventaja de comprar un cachorro a un criador es el costo. Los criadores responsables invierten bastante de su propio dinero para criar perros de calidad, así que el precio de los cachorros suele reflejar esa inversión. Otra desventaja es que hay que tener cuidado y asegurarse de que estás tratando con un criador serio y con buena reputación (tema que trataremos más adelante en este libro). Existen muchos criadores irresponsables, pero se pueden evitar si los entrevistas bien y pides recomendaciones a veterinarios u otros profesionales del mundo canino.

Los refugios y albergues también pueden ser muy buenas opciones para adoptar a tu Aussie. Por lo general, los perros ya están esterilizados, vacunados y con sus chequeos veterinarios al día. Además, las tarifas de adopción son solo una parte de lo que pagarías a un criador. ¡Y no olvides que darle un hogar a un Aussie es un acto de compasión enorme! Hay muchísimos perros buenos buscando una familia, que no tienen culpa alguna de la situación en la que se encuentran.

Una de las desventajas de adoptar un perro de un refugio es que muchos tienen un historial desconocido, y algunos pueden necesitar entrenamiento extra y mucha empatía por parte de sus nuevos dueños mientras se adaptan a su nueva vida. Además, la mayoría de los perros que llegan a los refugios ya tienen más de seis meses. Si lo que estás buscando es un cachorro, puede que te lleve algo de tiempo encontrar uno en un refugio.

Cómo encontrar un criador con buena reputación

En pocas palabras, un buen criador es alguien que pone por delante el bienestar de sus perros. Por el contrario, si alguien prioriza el dinero, los premios o cualquier otra cosa por encima de la salud física y emocional de sus animales, entonces no está tomando decisiones responsables y no debería considerarse un criador serio.

¿Por qué es tan importante comprarle a un criador responsable? Aunque muchas personas compran perros a criadores aficionados o criaderos industriales, eso no es buena idea. Los perros criados de manera irresponsable tienen muchas más probabilidades de sufrir graves problemas de salud y temperamento, lo que pueden hacerlos poco aptos para llevar una vida equilibrada como compañeros. Algunas personas compran un cachorro de estos lugares con la idea de "rescatarlo", y aunque la intención es buena, en realidad eso solo alimenta el problema. Mientras la gente siga comprando en criaderos irresponsables, van a seguir existiendo. Si dejamos de darles motivos para continuar, dejarán de existir. Si ves un criador donde los perros viven en malas condiciones, lo mejor que puedes hacer es denunciarlos a las autoridades y no comprar nada. ¡No contribuyas a que esta situación siga ocurriendo!

Ten en cuenta que el simple hecho de que alguien críe dos perros para tener cachorros no lo convierte en un criador responsable. Los aficionados pueden encontrarse rápidamente con problemas genéticos de temperamento y salud si no saben lo que están haciendo. Es mejor elegir un criador que realice pruebas genéticas y de salud, esté familiarizado con los pedigríes de los perros con los que trabaja y tenga años de experiencia en la raza. Si es un criador novato (menos de diez años criando Pastores Australianos), averigua si tiene un mentor que lo guíe.

Una de las mejores maneras de encontrar un criador responsable es hablar con un profesional. Tu veterinario, adiestrador profesional o peluquero canino de confianza son excelentes puntos de partida. También puedes intentar preguntar a personas que conozcas que tengan un Aussie dónde lo consiguieron. Por otro lado, la mayoría de los criadores tienen un sitio web, por lo que una búsqueda en internet de criadores de Pastor Australiano en tu zona también puede ayudarte bastante.

La mayoría de los criadores responsables no tienen cachorros disponibles todo el tiempo; a veces solo hacen una o dos camadas por año. Si alguien siempre tiene cachorros disponibles o está criando varias razas o incluso razas "de diseño", eso es una gran señal de alarma de que está buscando hacer dinero rápido y no criar perros de calidad. Nunca compres a un criador que entregue los cachorros antes de las ocho semanas de vida. Esa etapa final con la madre y los hermanos es clave para que el cachorro aprenda a interactuar con otros perros.

Lo ideal es que comiences a buscar un criador más o menos un año antes de la fecha en la que pienses sumar un cachorro a tu casa. Eso te da tiempo para seleccionar y conocer a tu criador. Muchas personas esperan hasta último momento para buscar, y aunque puedes encontrar cachorros disponibles con poca antelación, si tienes algo específico en mente, puede ser más difícil conseguirlo en el apuro.

Entrevistando a los criadores

"Elije un perro que se adapte a tu estilo de vida. Aunque los Aussies vienen en muchos colores, también pueden tener un nivel de energía de medio a alta. No elijas a tu compañero solo por su apariencia. Compartirás muchos años con él. La mayoría de los buenos criadores te guiarán a elegir el temperamento que mejor se adecúe a tu hogar".

Francine Guerra
Alias Aussies

Una vez que tengas algunos datos sobre criadores con los que podrías querer trabajar, puedes empezar a contactarlos. Un buen criador debería

Foto cortesía de
Beverly Cogan

estar dispuesto a hablar contigo y responder tus preguntas con paciencia y claridad. Se respetuoso cuando hables con un criador; este es un momento para conocerse, no para hacer un interrogatorio. Evita a cualquier persona que sea impaciente, que esquive tus preguntas o que se ponga a la defensiva. Del mismo modo, espera que te hagan preguntas a ti también. Los criadores quieren asegurarse de que estás preparado para cuidar bien a un cachorro, que sabes lo que implica tener un Pastor Australiano y que le vas a dar un hogar seguro y lleno de cariño. Responde con honestidad. Algunos incluso tienen formularios para conocer mejor a los posibles dueños.

Si el criador tiene un sitio web, tómate el tiempo para leerlo con atención. Esto te ahorrará tiempo y evitará que hagas preguntas que ya están respondidas ahí. Si esa información no aparece en la web, algunas preguntas clave que puedes hacer son:

- ¿Cuándo está planeada la próxima camada? (si no tienen cachorros disponibless),
- ¿Cómo son los perros progenitores de esa camada?
- ¿Qué pruebas específicas de salud realizan?
- ¿Han visto algún problema de salud en sus perros?
- ¿Cuánto tiempo llevan criando esta raza?
- Si estás interesado en practicar un deporte canino con tu Aussie, ¿el criador participa con éxito en esa disciplina con sus propios perros?

También, pídele al criador una copia del contrato o garantía de salud y averigua el rango de precios de sus cachorros.

No olvides preguntarte a ti mismo: ¿Son los progenitores el tipo de Aussie que me gustaría tener? ¿El momento en el que los cachorros estarían listos para ir a su nuevo hogar me es apropiado?

Un criador responsable debería estar dispuesto a programar una visita para que conozcas a sus perros y veas dónde viven y cómo los cuida. Fíjate en cosas básicas pero importantes: ¿Los perros están limpios y saludables? ¿El lugar está limpio, hay agua fresca disponible y juguetes para que se entretengan? ¿Tienen espacio o alguna forma de hacer ejercicio todos los días? ¿Cómo son los perros con los visitantes? ¿¿Te reciben bien y se acercan con curiosidad, o muestran miedo o agresividad? Si no puedes visitar el hogar del criador por la distancia, pregúntale si puede dart5e referencias de personas que ya le hayan comprado. Desconfíe de cualquier criador que no te permita visitar o parezca estar escondiendo algo.

Foto cortesía de Sonya Roberts and Luke Moorman

Muchos criadores serios te van a derivar a un colega si no tienen lo que buscas o si no tienen cachorros disponibles en el momento que quieres. Esto puede ser una gran oportunidad de establecer una buena conexión, ya que suelen recomendar a alguien en quien confían. Que te recomienden también habla bien de ti, ya que significa que te ven como un buen futuro guía. Si está en varias listas de espera, asegúrate de informar a los criadores, y avísales si has seleccionado un cachorro de otro lugar. Los criadores a menudo tratan de asegurarse de tener hogares preparados para la mayoría o todos los cachorros antes de que nazcan, y agradecen que se les mantenga informados. Algunos criadores piden una seña (depósito) para mantenerte en su lista de espera, y por lo general no es reembolsable, ya que quieren asegurarse de que estás comprometido antes de reservarte un cachorro.

Pruebas de salud y certificaciones

Los buenos criadores utilizan pruebas de salud para el bienestar de sus perros. Como mínimo, los perros progenitores deberían tener un estudio oficial de caderas para descartar displasia y un examen ocular hecho por un oftalmólogo veterinario, para detectar posibles problemas hereditarios. Muchos criadores también realizan pruebas genéticas o toman radiografías de codos, hombros y rótulas para prevenir otros problemas ortopédicos. Sin embargo, que un criador haga muchas pruebas no siempre significa que los cachorros van a ser más sanos. No todos los problemas aparecen en todos los linajes, asique lo más importante es como el criador utiliza la información de salud que obtiene, no cuántas pruebas hace.

Algunos problemas de salud, como la epilepsia y la mayoría de las enfermedades autoinmunes o alergias, no tienen una prueba genética. Para prevenir esos casos, los criadores responsables evitan cruzar perros emparentados y esperan a que los reproductores tengan al menos entre 2 a 3 años, ya que muchos de esos problemas se manifiestan recién en esa etapa. Incluso si los padres que tienen certificados oficiales de caderas sanas, eso no garantiza al 100 por ciento que los cachorros no pueden desarrollar displasia, pero sí ayuda a reducir el riesgo.

Evita a los criadores que solo se basan en un panel genético. Si bien esas pruebas son muy útiles, no reemplazan los estudios ortopédicos y oftalmológicos. Además, tener un panel genético "limpio" no significa que el perro sea más sano. Para la mayoría de las enfermedades genéticas, ser portador no representa ningún problema siempre que se cruce con un perro que no tenga ese mismo gen.

Contratos y garantías del criador

Para asegurarte de que un criador está haciendo lo mejor que puede para criar perros sanos, busca que ofrezca una garantía de salud! Muchas personas piensan que tener una "garantía de salud" significa que el perro nunca tendrá problemas, pero eso no es así. Lo que realmente significa es que el criador tomó todas las medidas posibles para evitar enfermedades, y si igual aparece algún problema, va a respaldarte y hacerse cargo.

Existen dos tipos de garantías: la de salud general y la de salud genética. La garantía de salud general entra en juego desde el momento en que llevas el cachorro a casa. Cubre enfermedades que podrían ser responsabilidad del criador, como parásitos (lombrices, coccidios), o infecciones virales o bacterianas (como parvovirus o tos de las perreras). Esta garantía suele ser de corto plazo, por lo general de unos tres días, y requiere que lleves al cachorro al veterinario para confirmar cualquier problema. Si algo aparece, el criador puede ofrecerte llevarse al cachorro de vuelta para tratarlo, devolverte el dinero o cubrir los gastos del veterinario si decides quedártelo.

La garantía de salud genética, en cambio, cubre enfermedades hereditarias o congénitas graves, como displasia de cadera, epilepsia o ceguera. Esta garantía deberían durar al menos dos años, ya que la mayoría de este tipo de problemas suelen aparecer después del primer año. Si solo cubre el primer año, no sirve de mucho. Lo común es que el criador te devuelva lo que pagaste o te ofrezca un segundo cachorro como reemplazo. Ten en cuenta que algunos criadores agregan una cláusula que establece que debes devolver tu perro para que la garantía se cumpla, y como nadie quiere devolver a su compañero, eso hace que renuncies al reembolso. Esa práctica es bastante cruel y lo mejor es evitar criadores que trabajen así.

También es normal que los criadores usen diferentes tipos de contratos: uno para perros de compañía y otro para perros destinados a exposición o cría. Si solo estás buscando una mascota familiar, el contrato suele pedir que el perro no se use para su reproducción, que se castre o esterilice en cierto plazo, y que el criador tenga el derecho de recibir al perro de vuelta si ya no puedes tenerlo. Si estás considerando criarlo o exponerlo, el contrato puede incluir que el criador figure como copropietario durante un período de tiempo establecido, que el perro obtenga títulos, y que se cumplan los requisitos de salud antes de cualquier cruce. Todo esto está bien y tiene como objetivo proteger al perro. Lee bien los contratos antes de firmar. Si hay algo que no entiendes o que te incomoda, pregúntale al criador por qué está esa cláusula y si se puede hablar al respecto.

Eligiendo al cachorro perfecto

"Para mí, lo más importante es el temperamento. El carácter de los progenitores se transmite a los cachorros. Después de criar varias generaciones con distintas líneas de sangre, siempre me sorprende cómo ciertos rasgos de personalidad se mantienen constantes dentro de la misma línea".

Joanne Harvell
Canyon Lake Aussies

Si está trabajando con un criador experimentado desde antes de que los cachorros estén listos para irse a sus nuevos hogares, lo más común es que el criador elija el cachorro por ti o te ofrezca solo algunas opciones, ¡no toda la camada! Aunque a muchos les cuesta aceptar esto, lo cierto es que el criador conoce mucho mejor a sus cachorros, y además ya te conoce a ti. Su prioridad es hacer la mejor combinación posible entre cachorro y persona, porque quiere que a ambos les vaya bien.

Foto cortesía de Julie Caywood

Si te dan a elegir entre algunos cachorros, piensa en cómo sería tu Aussie ideal. Muchas personas se enfocan primero en el color o el género, y aunque el criador tratará de respetar tus preferencias, hay cosas más importantes que deberías tener en cuenta al tomar tu decisión.

¿Cómo imaginas la personalidad de tu cachorro ideal? ¿Qué nivel de energía quieres que tenga? Cuando conozcas la una camada, busca un cachorro que se muestre seguro y tenga ganas de interactuar contigo. ¡Esto no significa que tengas que elegir al más inquieto de todos! Los que se asustan fácilmente o evitan el contacto pueden dar más trabajo, y tal vez no sean la mejor opción para alguien que busca un compañero relajado. Pídele al criador que te describa la personalidad de cada cachorro y elija el que mejor se adapte a tu estilo de vida y nivel de actividad. Un cachorro más tranquilo y reservado puede ser ideal para una pareja mayor, mientras que uno juguetón, activo y sociable se lleve mejor con una familia con niños.

Si el cachorro va a ser esterilizado o castrado, no hay muchas diferencias reales entre machos y hembras. Los machos suelen madurar un poco más lento, pero su castración es menos invasiva, menos costosa y se recuperan más rápido que una hembra esterilizada.

A veces, los criadores tienen perros adultos retirados o cachorros mayores que reservaron para sí mismos y que luego decidieron dar en adopción. Si no tienes tiempo para comenzar desde cero con un cachorro, ¡esta es una gran alternativa! Estos perros fueron criados con experiencia, tuvieron un buen inicio en la vida, y muchos ya tienen entrenamiento, están acostumbrados al aseo, a los viajes y a distintas situaciones. Te llevas un compañero con todo el camino por delante y sin las etapas más demandantes de la crianza. Como muchos criadores no anuncian públicamente a estos perros, ¡vale la pena preguntar!

Criando dos cachorros de la misma camada

Criar dos cachorros al mismo tiempo no es tarea fácil. De hecho, muchos criadores dudan en permitir que dos hermanos vayan al mismo hogar, ya que puede ser un desafío. Pero si está dispuesto a dedicarle tiempo y esfuerzo extra, se puede hacer bien. Lo ideal, es elegir un macho y una hembra, aunque dos del mismo sexo también puede funcionar. Ten en cuenta que los del mismo género pueden ser más propensos a pelear a medida que se acercan a la madurez así que necesitarás poner límites claros desde el principio y actuar rápido si ves señales de conflicto. Por otro lado, también tiene sus ventajas: dos cachorros suelen adaptarse más rápido a su nuevo entorno y se mantienen más entretenidos y activos entre ellos.

Una de las principales dificultades al criar dos cachorros al mismo tiempo es asegurarte que cada uno tenga atención individual. Después de la primera semana en casa, cada cachorro deberá dormir en su propia jaula para que tengan su espacio. Además, deberás hacer un esfuerzo consciente para sacarlos por separado a socializar, dedicarles tiempo individual con la familia y también entrenarlos de forma. Si los cachorros nunca se separan, esto puede hacer que se vinculen más entre ellos que con su familia, y separarlos más adelante puede causar ansiedad severa. El adiestramiento con dos cachorros puede ser más lento, y obviamente tendrás el doble de gastos.

Antes de llevarte a casa dos cachorros al mismo tiempo, considera cuidadosamente si tienes el tiempo y los recursos para manejarlos. Para la mayoría de las personas, lo mejor esperar hasta que el primer cachorro tenga al menos un año y sea más maduro antes de sumar a otro.

Adoptando un Pastor Australiano

"Con los refugios, mi mayor consejo es asegurarte de que sea un lugar de confianza y que el perro haya estado allí el tiempo suficiente como para que realmente puedan decirte cómo es. Muchos perros llegan sin ningún historial y casi nunca vienen de criadores responsables".

Melonie Eso
WCK Aussies

Foto cortesía de
Charles Donald Sinden Jr
Sinded Aussies

Adoptar un perro es una decisión hermosa. Los refugios de animales locales son un excelente punto de partida para buscar tu próximo compañero. Sin embargo, depende de donde vivas, es posible que tengas que esperar un poco hasta que aparezca un Aussie disponible. Una segunda opción sería buscar refugios que se especialicen en Pastores Australianos o razas de pastoreo. Suelen tener casas de acogida donde los perros reciben atención personalizada, y además se toman el tiempo de conocer bien al animal antes de ubicarlo en un nuevo hogar. En cambio, los refugios municipales o estatales, por más buena intención que tengan, suelen estar muy saturados y a veces priorizan ubicar rápido a los perros antes que encontrar la familia ideal.

Ten mucho cuidado con las estafas de adopción. Lamentablemente, muchas personas se aprovechan del deseo de "rescatar" para vender cachorros criados en condiciones pésimas, disfrazados de adopciones. Evita "refugios" que tengan solo cachorros, que ofrezcan pedigree o papeles, o que viajen de una ciudad a otra. Cuando alguien compra cachorros de un criadero industrial, lo único que logra es incentivar a estos lugares a seguir criando. Aunque cueste, lo mejor es no caer en ese ciclo.

Si decides adoptar un Aussie, tómate tu tiempo. Es tentador querer llevarse al primero que aparece, pero lo ideal es que el perro encaje con tu estilo de vida. Pregúntate: ¿Se lleva bien con otros perros o mascotas, si los tienes? ¿Es un perro que se adaptaría bien a un hogar con niños? ¿Tiene alguna condición médica que vas a poder cubrir económicamente? ¿Muestra problemas de comportamiento? Y si es así, ¿estás dispuesto a comprometerte con el tiempo y esfuerzo para corregirlos? La mayoría de los Aussies en adopción son perros increíbles que simplemente no tuvieron suerte o necesitan una guía para desarrollarse como excelentes compañeros.

Elegir el Aussie perfecto para su hogar lleva tiempo y reflexión, pero si tomas la decisión correcta, te espera una vida llena de alegría y aventuras con tu nuevo mejor amigo.

CAPÍTULO 3
Preparando tu Hogar para tu Pastor Australiano

"Te recomiendo proteger tu casa como lo harías para un niño pequeño. Los cachorros adoran los cables, especialmente los de los cargadores. Bloquea las escaleras. Tapa los enchufes. Todo lo que harías por un niño, hazlo por tu nuevo cachorro."

Francine Guerra
Alias Aussies

Foto cortesía de
Amanda Gabriel

Foto cortesía de
Rebecca Swyers

"Compra una jaula para los momentos en que no pueda supervisar-
lo, retira los cables y cualquier mueble o calzado que consideres valioso."

Allison Lutterman
DreamWinds Aussies

Elegiste el Aussie perfecto para tu familia, y el día de llevarlo a casa se acerca. Esto traerá muchos cambios, para ti, tu familia, tus otras mascotas (si es que tienes) y por supuesto, para tu nuevo compañero. Estar bien preparado puede facilitar mucho la adaptación. Necesitarás hacer un recorrido por tu hogar, jardín y cualquier otro espacio donde el cachorro vaya a moverse y detectar posibles peligros. También será necesario establecer límites para los niños y otras mascotas. ¡Con un poco de dedicación, estarás listo para dar la bienvenida a tu nuevo Aussie a la familia!

Cosas peligrosas que los perros podrían comer

Los perros, y en particular los cachorros, exploran el mundo con la boca. Si se toman precauciones con anticipación, se pueden evitar muchas visitas de emergencia al veterinario. Las cosas peligrosas que los perros tragan incluyen alimentos humanos tóxicos, plantas tóxicas, productos químicos, medicamentos para humanos y objetos no comestibles que causan obstrucciones intestinales.

Los alimentos humanos que son tóxicos para los perros incluyen:

- Uvas y pasas
- Chocolate
- Aguacate
- Cebolla
- Ajo
- Carozos o semillas de frutas
- Masa con levadura (como pan crudo)

- Cafeína y alcohol
- Alimentos con alto contenido de grasa (como queso, embutidos, etc.)
- Dulces o chicles con xilitol

Foto cortesía de Mikala Kempkers

Evita darle sobras de la mesa, y asegúrate de que la basura esté fuera de su alcance. Usa un tacho con tapa hermética o guárdalo dentro de un gabinete cerrado.

Existen numerosas plantas tóxicas. Mantén las plantas de interior fuera de su alcance, o en una habitación a la que no pueda acceder. Las más comunes son:

- Hiedra (Ivy)
- Planta Jade
- Palma de sagú
- Oreja de elefante
- Dracaena
- Pothos
- Filodendro
- Dieffenbachia
- Plantas de jardín o decorativas:
- Dedalera
- Lirio del valle
- Narcisos
- Tejo
- Hortensia
- Acebo

Hay muchas más plantas que pueden causar trastornos digestivos u otras reacciones tóxicas. Antes de plantar algo en el jardín o comprar una planta nueva, fíjate bien si es segura para perros. Si ya tienes plantas que pueden ser tóxicas, ponlas en altura o detrás de una barrera. Si no estás seguro, consulta con tu veterinario de confianza.

Los productos químicos más comúnmente ingeridos por los perros son, el anticongelante y el veneno para ratas. Evita usar veneno, y revisa regularmente las áreas donde se estacionan vehículos, por si hay pérdidas de líquido. También ten cuidado con los productos de limpieza (pesticidas o herbicidas): úsalos solo cuando el perro esté lejos y deja que se sequen bien antes de dejarlo entrar. Guarda todos los productos químicos y de limpieza en armarios cerrados. Nunca dejes envases a su alcance, aunque estén vacíos.

Nunca debes darle a tu perro medicamentos para humanos sin consultar con un veterinario. Ciertos medicamentos, incluso analgésicos de venta libre o vitaminas, pueden causar úlceras estomacales graves, insuficiencia orgánica o incluso la muerte. Mantén los medicamentos en cajones o armarios fuera de su alcance para prevenir la ingestión accidental.

Una de las emergencias más frecuentes: perros que tragan cosas que no pueden digerir y hay riesgo de asfixia. Evita estos problemas revisando la casa y el jardín de forma frecuente. Los calcetines, las piedras decorativas del jardín y los juguetes de los niños o del mismo cachorro son algunos de los objetos más comunes.

*Foto cortesía de
Sheila Rankin*

Otros peligros domésticos

Otras cosas que pueden representar una amenaza para la seguridad de su Aussie incluyen cables eléctricos, basura, piscinas e inodoros. Oculta o sujeta bien cualquier cable o cordón eléctrico expuesto para evitar riesgos de quemaduras o electrocución. Las piscinas deben estar cercadas o ubicadas en un área que sea inaccesible para tu perro. Aunque la mayoría de los Aussies suelen ser excelentes nadadores, pueden tener dificultaces para salir de la piscina, lo que podría representar un riesgo de ahogamiento, especialmente para los cachorros pequeños. Las tapas de los inodoros siempre deben mantenerse abajo. No solo es antihigiénico que beban de ahí, sino que si usas pastillas limpiadoras en el tanque, el agua puede ser tóxica.

Preparar un espacio interior para tu perro

Tu Aussie necesita un lugar seguro y cómodo donde pueda relajarse y sentirse tranquilo. Una jaula o transportadora puede ser ideal, es una gran ayuda durante el entrenamiento de higiene y cuando no lo puedes supervisar. Elije uno o dos lugares de la casa para colocar la jaula, preferentemente en una zona tranquila y apartada. Un dormitorio es una buena opción. Una vez que tu Aussie aprenda que la jaula es su espacio seguro, verás que entra solo cuando quiere descansar o desconectarse un poco del movimiento de la casa.

Se aconseja restringir el acceso a ciertas áreas de la casa, particularmente a los cachorros. Las puertas para bebés o barreras para mascotas son prácticas y económicas. Puedes usarlas para mantenerlo cerca de ti en la sala o donde estés, cerrando temporalmente el acceso al resto de la casa.

Los cachorros muy pequeños no podrán contener por mucho tiempo sus intestinos y vejiga. Si no puedes sacarlo seguido, puedes armar un espacio pequeño y controlado, como un corralito, o usar el baño. En un lado coloca almohadillas absorbentes o una caja de arena de pallets de madera si el criador ya lo acostumbró a eso y asegúrate de que el cachorro tenga algunos juguetes. Este método puede hacer que el entrenamiento lleve un poco más de tiempo, pero es totalmente posible. Lo más importante es que nunca lo obligues a ensuciar su jaula, eso puede generarle ansiedad o confusión.

Foto cortesía de
Reese Slater

Preparar espacios exteriores

Tener un patio es genial para tu Aussie: le da un lugar cómodo donde hacer sus necesidades y moverse un poco. Pero si el espacio es más chico que 6 x 6 metros, probablemente no sea suficiente para que gaste toda su energía. En ese caso, va a necesitar caminatas o trotes diarios para mantenerse en forma. La orina puede dañar el césped con el tiempo, así que una buena idea es enseñarle a usar siempre la misma esquina del patio. También puedes regar esa zona con más frecuencia para minimizar el daño.

Una buena cerca es fundamental. Puedes usar eslabones de cadena, madera, empalizada o algún modelo de privacidad. Deben tener al menos 1,20 metros de alto, aunque algunos Aussies pueden saltarla o treparla, así que ten esto en cuenta. Verifica si hay huecos o zonas por los que podría escaparse. Asegúrate de que las puertas cierren bien y nunca queden abiertas. Las cercas invisibles (eléctricas) no son una buena opción. Aunque a algunos les funcione, muchos perros terminan lastimados o perdidos cuando éstas cercas fallan. Los Aussies son inteligentes: pueden darse cuenta de que, si se abalanzan sobre la línea, la descarga se detiene. Y con un solo error puede ocurrir un accidente.

Si tu Aussie vive dentro de casa con la familia, no necesitará una caseta de perro. Pero en días calurosos, mientras juegan y hacen ejercicio al aire libre, es importante que tengan sombra, ya sea de un árbol o un toldo. Nunca lo encadenes afuera. Podría enredarse, estrangularse o quedar indefenso ante otros perros o personas con malas intenciones.

Si vives en una zona con nieve o hielo y usas sal para derretirla, asegúrate de que sea sal segura para mascotas. La sal común de carretera puede quemar o irritar las almohadillas de sus patas y, si la lame, puede ser tóxica. Si sales a caminar o trotar con tu Aussie, puedes ponerle botines para perro o usar cera para patas, y luego, una vez en casa, asegúrate de lavarlas bien.

Preparar a los niños y a tus otras mascotas

"El instinto de pastoreo puede ser difícil de manejar, sobre todo con niños. El perro quiere perseguir todo lo que se mueve, y a veces incluye mordisquear. Se debe enseñar a los niños a quedarse quietos como estatuas si eso sucede. También conviene apartar al perro cuando hay muchos estímulos. Redirigirlo con un juguete o trabajar el autocontrol ayuda mucho."

Gayle Silberhorn
Big Run Aussies

Ver cómo tu Aussie y tus hijos crean un vínculo es algo maravilloso. Pero para que ese vínculo sea sano y seguro, es clave poner algunas reglas claras desde el principio. Proporciónale a tu Aussie un espacio propio, como una jaula, y enséñales a tus hijos que ese lugar es solo para el perro. De esta manera, tu Aussie sabrá que tiene un rincón tranquilo para descansar sin ser molestado. También hay que dejar en claro que: nada de tirar de las orejas, pelo o labios, y nada de subirse encima, colgarse o golpearlo. Tu perro no es un peluche, ni un juguete. Y si se siente acosado, puede llegar a morder, por más paciente que sea. No es gracioso ni aceptable. Todos tenemos derecho a que respeten nuestro espacio, ¿no? Ahora bien, incluir a los niños en las rutinas del perro, como darle de comer, cepillarlo o ayudar en el entrenamiento, refuerza el vínculo y les enseña responsabilidad.

Si ya tienes otro perro en casa, asegúrate de que no tenga problemas de conducta sin resolver. De lo contrario, es probable que el nuevo cachorro copie esas malas costumbres, y entonces tendrás el doble de problemas. Dale también a tu perro actual su propio espacio seguro: una jaula o cama, donde pueda descansar tranquilo, sobre todo si es mayor. Los cachorros pueden ser intensos para perros adultos y ambos estarán más felices si tienen acceso a sus espacios propios.

Foto cortesía de Pam Brauer

La mayoría de los gatos pueden tardar un tiempo en acostumbrarse a una nueva adición, a veces incluso meses. Antes de traer a casa a tu nuevo Aussie, asegúrate de que tus gatos tengan un lugar alto y seguro al que puedan acceder fácilmente, como un árbol para gatos o similar. Esto es muy útil ya que pueden observar al cachorro sin tener que enfrentarlo cara a cara. Mantén la caja de arena y el comedero del gato en un lugar donde el Aussie no llegue.

Los Aussies no suelen tener mala intención, pero son perros activos. Y aunque solo quieran jugar, pueden lastimar accidentalmente a animales pequeños o delicados. Guarda la comida y ropa de cama de estas mascotas en contenedores a prueba de perros y mantén sus jaulas o hábitats fuera del alcance del Aussie.

Con un poco de organización y atención al detalle, puedes asegurarte de que la llegada de tu Aussie sea un momento feliz y sin estrés para toda la familia, humanos y animales incluidos.

CAPÍTULO 4
Llevar a casa a tu Pastor Australiano

"Compra una jaula para entrenarlo cuando no puedas supervisarlo, un corral para limitar su espacio, muchos juguetes, premios para el adiestramiento y un alimento para perros de buena calidad. Planea asistir a una clase de socialización para cachorros".

Joanne Harvell
Canyon Lake Aussies

¡Por fin llegó el momento que tanto esperabas! Ya tienes una fecha para llevar a tu Aussie a casa y ahora es el momento de hacer los últimos preparativos. Esto incluye tener una rutina lista (especialmente si es un cachorro), reunir los últimos artículos que necesitas, elegir un veterinario y programar la primera visita. Estos días previos están llenos de emoción y esa expectativa tan especial de sumar un nuevo miembro a la familia.

Foto cortesía de
Kayla Spangler

Foto cortesía de
Josh Tuggle

La importancia de tener un plan

"Todos en casa deben saber cuáles son las reglas para el perro y seguirlas. Las reglas deben mantenerse igual conforme el perro crezca. Así que piénsalas como si fueran para un perro adulto, no solo para un cachorro".

Heidi Mobley
Western Hills Australian Shepherds

Tener una rutina pensada antes de que llegue tu Aussie hará que se adapte mucho más rápido a su nueva vida contigo. Los perros son animales de hábitos y se sienten más tranquilos con una rutina clara. Establecer horarios fijos para las comidas, por ejemplo, hace que entrenara su cachorro para hacer sus necesidades sea mucho más sencillo, ya que sabrás mejor cuándo necesita salir. Además, ¿quién en la familia se encargará de alimentarlo? Asignar esta tarea evita olvidos o raciones de comida dobles, y es una buena manera para que los niños más grandes aprendan sobre responsabilidad y creen un vínculo con su nuevo compañero.

Las salidas para hacer sus necesidades deben ser, como mínimo, después de comer, en la mañana apenas se despierte, y antes de dormir. Si es un cachorro, necesitará salir más seguido. ¿Será necesario que alguien pase por casa durante el día para sacar al cachorro durante las primeras semanas, hasta que sea mayor? Otra cosa a tener en cuenta es qué sucede en caso de una emergencia. ¿Quién será el responsable de cuidar al Aussie en estos casos? ¿Tienes algún amigo o vecino de confianza que pueda ayudarte si es necesario?

Suministros que debe tener listos

"Si vas a recibir un cachorro, vas a notar que está muy orgulloso de sus dientes y los va a usar en momentos que no siempre son apropiados. Esto no significa que morderá de forma agresiva cuando sea adulto, simplemente que la raza ha desarrollado un uso funcional de la mordida para en el pastoreo, y es natural que desde pequeño empiece a practicarlo".

Tina Beck
Goldcrest Aussies

¡Preparar todo lo necesario para tu nuevo perro es parte de la emoción! A continuación, se detalla una lista básica con los suministros más importantes:

- Jaula de alambre de al menos 90 cm, idealmente con panel divisor.
- Cama grande, lavable y hecha con materiales duraderos.
- Collar plano de nylon o cuero con hebilla, y una correa de 1,8 metros.
- Juguetes variados, que sean seguros, resistentes y apropiados para su edad y tamaño.
- Recipientes para comida y agua
- Alimento de buena calidad, preferiblemente el mismo que ya solía comer, al menos para hacer la transición.
- Bolsas para recoger sus desechos.

*Foto cortesía de
Amanda Bocek*

- Limpiadores de manchas seguros para mascotas.
- Cepillo de púas metálicas, rastrillo para subpelo, cortaúñas para mascotas y un champú para perros.

Al comprar artículos para tu Aussie, ten en cuenta la calidad y la seguridad. Una cama demasiado económica tal vez no soporte los mordiscos de un cachorro; a veces conviene invertir un poco más en algo que realmente dure y se pueda lavar fácil.

Los juguetes, en especial, deben ser resistentes y seguros. Busca materiales como goma, nylon o mezclilla gruesa, y evita aquellos que se puedan romper fácil o tragarse. Lo ideal es que sean de tamaño mediano a grande, para que no se ahogue ni los mastique en pedacitos. Evita los huesos cocidos o ahumados, ya que se astillan y pueden hacerle daño al aparato digestivo. También evita los huesos de cuero crudo: muchos están tratados con químicos y pueden causarle malestar estomacal.

Si quieres ahorrar un poco, muchas veces se consiguen jaulas en buen estado en ferias o sitios de venta online. Solo fíjate que estén completa, sin partes rotas, y que tengan bandeja inferior y panel divisor si es posible. Esto te permite ir ajustando el espacio mientras tu cachorro crece.

El viaje a casa

¡El gran día ha llegado! Ya sea que tu Aussie esté cerca, a varias horas en auto o venga en avión, hay algunas cosas que puedes hacer para que el viaje sea lo más tranquilo posible. Si lo vas a buscar en auto, planifica paradas para que pueda hacer sus necesidades, sobre todo si el viaje dura más de una hora. Los cachorros suelen necesitar un descanso cada dos horas. Por lo general se quedan dormidos después de un rato de iniciar el viaje, pero si se despiertan, es momento de hacer una parada. Lleva toallita, limpiador de manchas, bolsas para desechos y toallas de papel por si hay algún accidente en el camino. Lo ideal es que el criador o el refugio no le dé alimento a tu Aussie en las 2 horas previas al viaje. Esto ayuda a evitar mareos o descomposturas. Lleva agua y un recipiente, pero ofrécesela solo cuando paren, y dale unos 20 minutos para hacer pis después de beber antes de seguir.

La forma más segura de llevarlo es en un transportador. Muchos perros salen expulsados de los vehículos en accidentes automovilísticos porque van sueltos. El transportador debe ser lo suficientemente grande para que pueda pararse, girar y echarse cómodo, nada más. Puede ponerle toallas absorbentes en la base y colocar algunos juguetes dentro para que se entretenga.

Foto cortesía de
Kayla Guzman

Si tu Aussie llega en avión, es probable que el criador o refugio haya organizado todo: cuando lo vayas a buscar al aeropuerto, seguramente te pidan una identificación y te hagan firmar documentación proporcionada por la aerolínea. En cuanto recibas a tu perro, llévalo afuera para que haga sus necesidades y ofrécele un poco de agua. Puede que esté un poco confundido o estresado por el vuelo, así que háblale con voz suave y ten paciencia. La mayoría se adapta rápido, ¡y algunos lo toman con mucha calma!

La primera noche en casa

"Los cachorros exploran su nuevo entorno y prueban los límites mordiendo, rascando, tironeando y cavando. Todo está al alcance. Cuanto más inteligente es el cachorro, más travieso es. Dele mucha actividad dísica y mental como sea posible".

Francine Guerra
Alias Aussies

La primera noche a veces puede ser la más difícil. Es probable que todos en la familia estén muy emocionados, pero trata de no abrumar a tu nuevo Aussie. Recuerde a los niños que deben estar tranquilos y ser amables con él. Esa noche evita presentarlo a otras mascotas, ya que es mejor darle un tiempo para que se adapte a su nuevo hogar. Puede que tu cachorro parezca un poco distante al principio, pero no lo tomes a mal: está procesando todo lo nuevo que le pasó y tratando de entender su entorno. Es muy común que estén más reservados durante los primeros días.

Desde la primera noche, es clave que duerma en su jaula, que va a ser su espacio, su lugar seguro. Los cachorros, sobre todo si nunca estuvieron en una jaula, pueden llorar la primera noche. Es fundamental mantenerse firme. Si lo dejas salir cada vez que llora, aprenderá rápidamente que llorar a las tres de la mañana le consigue lo que quiere. Sin embargo, si tu cachorro tiene menos de 12 semanas, lo más seguro es que necesite salir para hacer pis durante la noche. Si se despierta después de dormir varias horas seguidas, llévalo afuera, déjalo hacer sus necesidades y vuelve a meterlo en la jaula sin jugar ni hablarle demasiado. Es muy probable que se queje un poco antes de volver a dormirse. Los cachorros Los cachorros necesitan rutina y coherencia. Si eres constante desde el primer día, esta etapa se pasa rápido.

Recuerda seguir la rutina que planificaste desde el primer momento. Esto ayudará a tu Aussie a adaptarse a tu hogar y familia. Si notas que tienes que hacer algún ajuste, no pasa nada. Lo importante es mantenerse firme y constante con cualquier cambio que realices.

Presentando a tu Pastor Australiano a tus otras mascotas

Cuando introduces a tu Aussie a otros miembros peludos de la familia, es importante hacerlo de forma organizada para asegurarte de que todo comience de la mejor manera. Si tienes más de un perro, presenta a cada uno a tu Aussie por separado. Las presentaciones deben realizarse en un espacio abierta y neutral. Los pasillos, por ejemplo, son espacios estrechos que pueden hacer que los animales se sientan atrapados, por lo que es ideal hacerlo en una sala de estar o un patio. Además, no debe haber comida ni juguetes cerca, ya que algunos perros pueden sentirse amenazados o posesivos.

Si uno de tus perros es muy enérgico y el otro no, ponle correa al perro más activo. Permite que los perros se conozcan con calma y observa su lenguaje corporal. Si se olfatean, se muestran relajados, mueven la cola de forma rápida o hacen reverencia de juego, ¡todo está perfecto! En cambio, si notas que sus cuerpos se ponen rígidos, bostezan, o se lamen los labios, o si su pelo se eriza, eso indica que está aumentando la tensión y sería bueno separarlos por unos momentos. Los cachorros suelen lamer y mordisquear las barbillas de los perros adultos o incluso se dan vuelta sobre sus espaldas, lo cual es normal. Si el perro adulto gruñe o le muestra los dientes al cachorro, pero se detiene cuando el cachorro retrocede, no lo corrijas ni regañes. Así es como el perro mayor le enseña al cachorro a ser respetuoso. Sin embargo, si el perro adulto muerde al cachorro o sigue gruñendo o atacando incluso después de que el cachorro se haya retirado o se haya dado vuelta, debes intervenir de inmediato. Tómalo por el collar, calmado pero firme, y dile "¡No!" para apartarlo del cachorro.

Si las primeras interacciones no son perfectas, no te preocupes ni te rindas. Es importante evitar peleas y permitir que los perros pasen tiempo cerca uno del otro, incluso si no están interactuando. Intenta pasear a los perros varias veces al día, pueden estar cerca uno del otro, pero que no se rocen. También puedes colocar una puerta entre dos habitaciones con un perro en cada una para que se vean e interactúen sin sentirse obligados a hacerlo. Si después de 10-14 días no has logrado integrar completamente a

*Foto cortesía de
Erik Heise*

tu Aussie con tus otros perros, no dudes en contactar a un especialista en comportamiento canino para que te ayude.

Dales tiempo separados, incluso si las primeras presentaciones fueron bien, especialmente si tienes un perro mayor. Un cachorro puede ser abrumador para un perro de más edad, ¡y de seguro apreciará algo de tiempo lejos de las travesuras del cachorro! Puede hacerlo alternando las salidas de cada perro durante el día: cuando uno está en su jaula con un juguete o premio, el otro tiene su momento de paseo.

Los Aussies suelen llevarse bien con los gatos, aunque no siempre es recíproco. Nunca obligues a tu gato a interactuar con tu Aussie, ya que esto puede generar mucho estrés en el gato y hacer que la relación comience de manera negativa. Dale a tu gato su espacio para observar desde lejos y acercarse a su propio ritmo. Si tu Aussie intenta perseguir o saltar sobre tu gato, dile "¡No!" o "¡Ah-ah!" con firmeza, tómalo por el collar y aléjalo del gato. Luego, redirígelo hacia un juguete y, si lo hace bien, recompénsalo con un premio o un juego.

Elegir un veterinario y la primera visita veterinaria

Elegir una clínica veterinaria con buena reputación es un paso muy importante para asegurar que tu Aussie tenga una vida saludable. Pregunta a las personas de tu área para ver que veterinarios recomiendan. No dudes en llamar y hacer preguntas, o visitar la clínica en persona antes de llevar a tu perro. La clínica debe estar limpia, bien organizada y la sala de espera no debe estar demasiado llena. Los tiempos de espera para ver al veterinario no deberían superar los 15-20 minutos desde la hora de tu cita, a menos que haya una emergencia.

Al elegir un veterinario, lo ideal es que esté dispuesto a responder tus preguntas con paciencia y minuciosidad. Debe ser amable y cuidadoso con tu perro. Aunque la mayoría de los veterinarios están en esta profesión porque aman lo que hacen y quieren lo mejor para tu Aussie, hay algunas clínicas que pueden estar más motivadas por las ganancias. Recuerda, tú eres el defensor de tu perro, y eres quien debe decidir lo que es lo mejor para él. Es fundamental que seas un participante informado y activo en el cuidado de la salud de tu perro.

No olvide ser respetuoso con el tiempo y la experiencia de tu veterinario. Llega puntual a las citas, agradécele por sus servicios y paga sin quejarte. Muchas clínicas utilizan equipos médicos muy costos para realizar diferentes estudios, por lo tanto no asumas que tu veterinario está intentando estafarte.

Lo ideal es que la primera visita al veterinario se programe unas semanas antes de que tu Aussie llegue a casa. Programa la cita para aproximadamente 48 horas después de que lo lleves a casa. La mayoría de los criadores ofrece una garantía de salud a corto plazo, y si tu Aussie se enferma antes de que llegue a ti, es importante tener esa información documentada para poder aprovechar esa garantía. Lleva todos los registros médicos de tu perro a la clínica.

En la cita, lleva algunos premios pequeños para que la experiencia sea más agradable para tu Aussie, especialmente si es un cachorro. Mantén a tu perro con correa y cerca de ti; ya que muchos perros no disfrutan las visitas al veterinario, evita presentarlo con otros perros. La recepcionista normalmente te pedirá que pese a su perro y luego esperarás unos minutos antes de que te llamen a una sala de examen. Allí te harán preguntas sobre el estado de salud de tu Aussie y con qué lo estás alimentando. Como muchas otras razas de pastoreo, tu Aussie puede ser alérgico a la Ivermectina y otros medicamentos, así que asegúrate de informarle al veterinario. Después de esto, el veterinario le examinará los ojos, oídos, dientes, genitales y abdomen, y se le tomará la temperatura. También le pondrán las vacunas básicas necesarias. ¡Este es un buen momento para hacer cualquier pregunta que tengas para el veterinario!

Clases de socialización para cachorros

"Pido a las personas que hagan del adiestramiento canino su pasatiempo, ya que un instructor que esté familiarizado con las razas de pastoreo puede identificar el lenguaje corporal del perro y ayudar a guiarlo por un camino de éxito. El tiempo y el dinero invertidos en clases de adiestramiento serán una de tus mejores inversiones".

Tina Beck
Goldcrest Aussies

Las clases de socialización para cachorros son una manera fantástica y divertida de crear un vínculo con tu cachorro Aussie y enseñarle buenos modales. Empieza las clases y con el adiestramiento tan pronto como sea posible. ¡Nunca esperes hasta que su cachorro sea más grande! Si hasta los seis meses o más se le han permitido malas conductas y travesuras, estos comportamientos ya estarán consolidados ¡Lo mejor es empezar cuando tu cachorro es muy pequeño, de esta manera absorberá todo conocimiento nuevo, no cuando ya sea un adolescente rebelde que ha estado haciendo de las suyas durante meses!

Comunícate con club canino local para saber cuándo será su próxima clase de socialización para cachorros. Por lo general, estas clases se llevan a cabo una vez por semana y duran de cuatro a ocho semanas. Pregunta cuántos años de experiencia tiene el instructor y qué tipo de formación tiene con los perros. Las clases deben ser relajadas, informativas y bien organizadas. En ellas se debe enseñar lo básico de la socialización, como abordar la obediencia básica de tu cachorro y dar consejos para tratar con mal comportamiento o malos modales. Los Aussies, en general, y los cachorros en particular, obtienen mejores resultados con un adiestramiento basado en el refuerzo positivo. Este método utiliza premios, elogios y juguetes para recompensar a tu perro por un trabajo bien hecho, en lugar de usar castigos o correcciones cuando hace algo mal.

Necesitarás reservar tiempo cada semana para entrenar a tu cachorro entre clases. Por lo general, los instructores realizan una revisión al comienzo de la clase para ver si ha progresado y ayudan a abordar cualquier dificultad que haya tenido. Si bien la mayor parte del entrenamiento se realiza en casa, ¡los comentarios y sugerencias que recibas de un entrenador experimentado cada semana será una gran ayuda para el éxito de tu cachorro!

Dar la bienvenida a tu Aussie es un momento muy especial y emocionante para toda la familia, y estar bien preparado hará que la experiencia sea igualmente positiva para tu cachorro. ¡Sigue tu rutina, encuentra un buen veterinario y un entrenador, y no olvides tomarte el tiempo para disfrutar y fortalecer el vínculo con tu nuevo compañero de vida!

CAPÍTULO 5
Entrenamiento de higiene

El entrenamiento de higiene tal vez no sea la parte más emocionante de tener un perro, ¡pero sí es una de las más importantes! No hay nada más frustrante que ver desechos de perro por toda la casa. Muchos perros terminan en refugios porque sus dueños no los entrenaron adecuadamente en este aspecto. Así que evítate problemas comenzando con el pie derecho.

Opciones para el entrenamiento de higiene

Existen varias formas de enseñarle a tu Aussie dónde y cuándo hacer sus necesidades. La primera, y más común, es entrenarlo para que haga afuera, lo cual implica sacarlo seguido. La mayoría aprende rápido si eres constante y estás atento. Lo ideal es un área con césped en el jardín o en un parque, pero si no tienes acceso a césped, puede que le tome algo más de tiempo acostumbrarse a hacer sus necesidades sobre tierra o cemento.

Otra opción (más común en razas pequeñas) son las almohadillas absorbentes o bandejas sanitarias. Estas son ideales para cachorros si no puedes sacarlos seguido durante el primer mes, por ejemplo, si tienes que trabajar todo el día. También pueden utilizarse para perros adultos, pero al ser mayor la cantidad de desechos, necesitarás bandejas más grandes y se ensuciarán bastante rápido. Además, el olor también puede volverse en un problema.

La tercera opción es entrenarlo para usar una puerta para perros, así puede salir solo al patio o jardín cada vez que lo necesite. Esta es la opción más conveniente a largo plazo. Sin embargo, no en todos los hogares se puede instalar una puerta de este tipo, y si tu perro va a estar afuera sin supervisión, tienes que asegurarte de que el lugar sea seguro.

Las primeras semanas

"No los predisponga al fracaso. Estate atento a si olfatean el suelo y premia MUCHO cuando hagan afuera. También es buena idea enseñarles a hacer sus necesidades mientras están paseando con correa."

Melonie Eso
WCK Aussies

Foto cortesía de Sheila Romanski.

Ser constante y evitar errores es la clave para que tu Aussie aprenda a hacer sus necesidades donde corresponde. Una vez que decidas que método usarás, debes reconocer los momentos clave en los que tu perro necesitará hacer sus necesidades e interpretar las señales que te da.

Como regla general, los cachorros necesitan hacer sus necesidades después de cualquier actividad: justo después de despertarse, de comer o beber agua, aproximadamente 20 minutos después de jugar, y también después de una sesión de entrenamiento. Los perros adultos también deben salir varias veces al día, por ejemplo: a primera hora de la mañana, antes de acostarse, después de comer, y al menos una vez más durante el día. Las señales más comunes de que su perro necesita salir son: caminar en círculos, olfatear el suelo y lloriquear. Algunos aprenden muy rápido y te lo hacen saber mirándote fijo o sentándose frente a la puerta.

Un cachorro solo puede contener sus intestinos y vejiga durante una hora por cada mes de edad. Por lo tanto, un cachorro de dos meses solo puede esperar un máximo de dos horas. Si no puedes estar en casa para sacarlo, pídele ayuda a un amigo o vecino para que lo saque por ti, o prepárale un corral con almohadillas absorbentes o una bandeja sanitaria durante las primeras semanas. No es aceptable dejar a un cachorro muchas horas en una jaula mientras usted no está. Inevitablemente tendrá un accidente, y si eso pasa seguido, se le hará costumbre. ¡Prepare a su cachorro para el éxito, no para el fracaso!

Foto cortesía de Jessica Graf

*Foto cortesía de
Kirstie Kettleton*

Recompensar el comportamiento correcto

Cuando su Pastor Australiano haga sus necesidades donde corresponda, ¡es para festejar! Un premio delicioso y muchos elogios felices (pero controlados) reforzarán aún más que este es el comportamiento deseable. También puedes enseñarle una palabra clave o una frase, como "¡haz pipí!" para marcar el momento. Si lo usas cada vez justo antes de que haga, con tiempo podrás pedirle que haga sus necesidades en momentos específicos.

Si encuentras un desastre en la casa, es normal que te sientas frustrado... ¡pero el enojo debería ser contigo mismo! Tu perro aún no comprende bien qué tiene que hacer. Si se equivocó, fue debido a que tu no pudiste prevenirlo a tiempo. No lo castigues, no le grites y, por supuesto, no le frotes el hocico en el accidente. Los perros no pueden hacer esa conexión entre lo que hicieron y el castigo. Solo lo asustarás y dañarás tu vínculo con él. Sin embargo, si lo sorprendes en el acto, un "¡No!" o "¡Ah ah!" firme pero tranquilo puede servir para que deje de hacerlo . Llévalo de inmediato afuera o al lugar que corresponde (como sus almohadillas), déjalo terminar tranquilo, y luego recompénselo con un premio por haberlo hecho bien. ¡Y la próxima vez, trata de anticiparte!

También es de gran importancia que limpies bien si llega a hacer dentro de casa. Si queda olor a desechos, lo más probable es que tu Aussie vuelva a utilizar ese lugar otra vez ¡Y de seguro que no quieres eso!

Uso de jaula para el entrenamiento de higiene

"Mantén un espacio pequeño al principio. Debe estar bajo tu supervisión directa o en una jaula o corral pequeño. Punto. Si le das demasiada libertad y le permites andar suelto, tendrá accidentes. Es mucho más fácil hacerlo bien desde el principio que tener que corregir malos hábitos después."

Joanne Harvell
Canyon Lake Aussies

La jaula será una de tus mejores aliadas a la hora de enseñarle a tu Aussie dónde y cuándo hacer sus necesidades. En general, a los perros no les gusta ensuciar el lugar donde duermen, así que si tu cachorro ve su jaula como una especie de guarida, va a aprender a aguantarse para no hacer un desastre allí mismo. Las jaulas deben ser del tamaño apropiado. Lo ideal es que pueda darse la vuelta y echarse cómodo. Si el espacio es demasiado grande, tu cachorro puede terminar haciendo sus necesidades en un extremo y durmiendo en el otro. Muchas jaulas de alambre vienen con paneles divisorios así que puedes comprar una de tamaño adulto y agrandarla de a poco a medida que el cachorro crece.

Puede colocar mantas, una cama o almohadillas, pero asegúrate de que no fáciles de romper o tragar. Los Pastores Australianos suelen ser masticadores intensos, y si llegan a tragar tela, puede resultar en una obstrucción intestinal muy seria. Una vez que las travesuras y la dentición hayan pasado, puedes intentar agregar algo de ropa de cama nuevamente.

Para que el entrenamiento con jaula funciones, tu Aussie tiene que verla como su lugar especial, algo bueno y seguro. Una forma de lograrlo es darle de comer siempre adentro. También puedes guardar golosinas o juguetes especiales solo para cuando esté en la jaula. Hay juguetes de goma que se pueden rellenar con premios o pastas, y funcionan muy bien para mantenerlo entretenido ahí dentro.

Eso sí, ¡no olvides sacarlo seguido! Las jaulas son ideales para que pasen la noche, cuando se quedan solos, o cuando realmente no puedes vigilarlos, pero no se trata de mantenerlos allí encerrados todo el día. Los cachorros necesitan moverse, jugar y pasar tiempo contigo y la familia. Usa la jaula como una herramienta, no como un castigo. ¡Bien usada, te facilitará muchísimo la vida!

Corrales y puertas para perros

Los corrales y las puertas para perros pueden ser excelentes herramientas para el entrenamiento de higiene. Si sabes que estarás afuera varias horas, puedes dejar a tu cachorro en un corral pequeño con una bandeja o caja de arena. Esto es súper útil si usas el mismo método que usaba el criador, ya que tu cachorro ya esté acostumbrado. Si decides usar una caja de arena, elige una arena que no sea tóxica. Muchas veces se usan pellets, que suelen funcionar bien. Pero si tu cachorro comienza a comérselos, ¡mejor cambiar de método! No vale la pena arriesgar su salud. En este caso, es preferible utilizar almohadillas u otro opción que no implique riesgos.

Las puertas para perros también son excelentes si tienes que estar fuera de casa durante el día. Solo asegúrate de que tenga el tamaño apropiado: una puerta de 60 cm debería ser suficiente incluso para los Pastores

Foto cortesía de
Julie Caywood

Australianos más grandes. Para enseñarle a usarla, comienza sacando la solapa y pídele a a alguien que llame a tu cachorro desde el otro lado. Cuando pase, dale un premio. Hazlo varias veces para que entienda la dinámica. Luego, coloca de nuevo la solapa en la puerta y haz lo mismo. Al principio, es posible que necesites levantarla un poco para ayudarlo, pero la idea es que, con la práctica, él mismo aprenda a empujarla y pasar sin problemas.

Si utilizarás una puerta para perros como método de entrenamiento de higiene, primero asegúrate de que el área exterior a la que tiene acceso sea segura. Eso quiere decir que esté bien cercada, que otros perros o animales no puedan entrar, y que tenga una puerta o portón cerrado con gtraba para que nadie extraño pueda acercarse a tu perro. Para evitar accidentes al principio, puedes armar un pequeño corral dentro de la casa, justo alrededor de la puerta para perros. Este espacio debe ser cómodo, lo justo para que pueda acostarse y moverse un poco. Después de algunas semanas, puedes quitar el corral y simplemente cerrar esa habitación de la casa. Para ese momento, tu Aussie ya debería estar usando la puerta y haciendo sus necesidades afuera sin problema.

Foto cortesia de Lisa Ricard

Dejar a tu perro solo en casa

En un mundo ideal, podríamos llevar a nuestros perros a todos lados..., ¡pero lamentablemente no es así! En algún momento, tu Aussie tendrá que quedarse solo en casa, y es muy importante asegurarse de que esté seguro y cómodo mientras tu no estés. Lo más recomendable (y seguro) es dejarlo en su jaula, sobre todo si todavía es un cachorro. Imagina que se produce un incendio y los bomberos tienen que entrar con todo su equipo y máscaras... ¡qué susto se puede llevar tu perro! Seguramente se escondería debajo de una cama o saldría corriendo, y eso complicaría mucho que lo puedan rescatar. En cambio, si está en su jaula, los rescatistas pueden moverla fácilmente o sacarlo con más rapidez y seguridad. Además del riesgo potencial de incendio, tu casa puede ser un lugar lleno de peligros para un cachorro curioso. Todo lo que se pueda masticar o tragar, lo más seguro es que lo intente. No importa cuán bien hayas preparado tu hogar para el cachorro, ¡ellos siempre encuentran algo que pasaste por alto!

Si no deseas usar una jaula, otra mejor opción es usar una puerta para perros, un corral o incluso cerrarlo en una habitación preparada especialmente. Un lavadero o un baño pueden servir, siempre que recojas los zapatos, bajes la tapa del inodoro y escondas cualquier cosa peligrosa como cables u objetos chicos. En general, Los perros adultos se pueden dejar sueltos en casa si ya demostraron que no destruyen cosas. Aunque algunos tienen ansiedad por separación y pueden portarse mal solo por estrés. En dichos casos, ¡la jaula puede ser su lugar seguro!

Si eres constante y evitas los errores, en unas pocas semanas puedes tener a tu Aussie bastante bien entrenado en cuestiones de higiene. Mientras tanto, asegúrate de sacarlo lo suficiente y de que tenga un espacio seguro y cómodo donde quedarse mientras estés fuera de casa. ¡¡Con paciencia y dedicación, tendrás un compañero que sabe a la perfección dónde hacer sus necesidades! Porque seamos sinceros... ¡nadie quiere pisar un regalito (ni tu ni tu perro)!

CAPÍTULO 6
Socialización con personas y animales

"Te recomiendo llevar al cachorro a lugares donde haya personas, ruidos y otros perros, siempre en ambientes controlados, y que le muestres distintas experiencias. Nunca lo fuerces. Si algo lo incomoda, retrocede un poco hasta donde sienta seguro, felicítalo, dale premios y acércalo lentamente a las cosas, personas o lugares que lo incomodan. Esto puede llevar tiempo, pero avanzar lento y constante, aunque parezca que tarda mucho, da mejores resultados que empujar al cachorro a situaciones que lo asustan".

Joan Fry
Bella Loma Kennels

Foto cortesía de
Tania Gomez Ayala

Socializar a tu Pastor Australiano significa exponerlo a un montón de estímulos positivos, para que se acostumbre desde pequeño a todo lo que puede encontrarse en la vida cotidiana y aprenda a manejarlo con calma. Esto incluye presentarlo a diversas personas, llevarlo a nuevos lugares, dejar que camine sobre diferentes superficies, presentarlo a otros perros, así como exponerlo a nuevas vistas y sonidos. Existe una manera correcta y una incorrecta de llevar a cabo una socialización adecuada.

La importancia de una buena socialización

"Póngalos en contacto con tantos otros animales como puedas. Permítales entender que otros animales y perros no siempre son una amenaza. Si un Pastor Australiano no conoce algo de cachorro, es muy probable que le tenga miedo de adulto. Y el miedo lo lleva a morder o pelear".

Joanne Harvell
Canyon Lake Aussies

La socialización es una parte crucial para formar un Pastor Australiano equilibrado. Lo ideal es empezar durante el "período crítico de socialización", que va hasta 16 semanas de vida. Durante este tiempo, los cachorros son como esponjas: todo lo que viven, lo absorben, lo procesan y lo aprenden mucho más fácil. Por lo general, los criadores responsables comienzan este proceso desde el nacimiento. Los manipulan con cuidado, los acostumbran al contacto físico, los exponen a sonidos comunes de la casa, y reciben visitas. Muchos también aplican programas de estimulación temprana y enriquecimiento ambiental que cambian semana a semana para que los cachorros se adapten a diferentes experiencias.

Una vez que el cachorro llega a tu casa, la socialización debe continuar. Ayúdalo a caminar sobre todo tipo de superficies: madera, alfombra, baldosas y laminados, césped, tierra, grava y arena… también es buena idea que suba escalones, camine sobre troncos o pequeñas pendientes. Llévalo a distintos lugares cada semana y asegúrate de que esas experiencias sean positiva. Eso sí, nunca lo obligues a interactuar con algo que le de miedo. Si lo presionas o lo expones a malas experiencias, lo recordará y eso puede afectarlo a largo plazo. Tu eres quien tiene que asegurarse de que tenga buenos recuerdos, no traumas.

Las consecuencias de una falta de socialización a menudo pueden hacerse evidentes a medida que un cachorro se convierte en adulto. Puede mostrarse reacio a acercarse a personas o perros nuevos, o podría evitar caminar sobre superficies desconocidas y alejarse o ladrar a objetos extraños, y tener dificultades para adaptarse a los cambios en su entorno. También puede pasar si tuvo una mala experiencia concreta, como haber sido atacado por otro perro. En ese caso, no solo puede desarrollar miedo a otros perros, sino incluso solo a los que se parezcan al que lo agredió. Y corregir eso puede tomar mucho tiempo y trabajo.

Socialización con otros perros

"No fuerce a su Pastor Australiano a entablar relaciones, déjalo que se tome su tiempo y dé el primer paso".

Adriana Plum
Turkey Run Australian Shepherds

Ayudar a tu Aussie a tener buenas interacciones con otros perros es clave para establecer una buena comunicación canina. La mayoría de los Pastores Australianos son bastante neutrales: se llevarán bien con los perros que viven casa y tal vez hagan algunos amigos caninos, pero no esperes que salten de alegría cada vez que ven un perro por la calle. ¡Y está bien! No todos los perros quieren jugar con todos, igual que nosotros, no siempre queremos hablar con cualquier desconocido.

Foto cortesía de Hope Bailey

Cuando le presentes a otro perro, primero pide permiso al otro dueño. Algunos perros se sienten amenazados por perros extraños y se vuelven agresivos. Si te dicen que no, no pasa nada, está cuidando a su perro y eso se respeta. Si tienes su aprobación, permite que los perros se saluden y se huelan. Buenas señales son: olfateo mutuo, cuerpos relajados, colas moviéndose con naturalidad, o la clásica reverencia de juego. Pero si ves gruñidos, rigidez, pelo erizado, o intentos de alejarse, sepáralos con calma antes de que la situación escale.

Con los cachorros hay que tener más cuidado aún. Los perros mayores a veces juegan de forma muy brusca y pueden asustar o incluso lastimar a un cachorro pequeño. Espera a que el cachorro tenga más confianza y tamaño antes de permitir ese tipo de juego. Y si vas a presentarlo con un perro adulto, asegúrate de que ese perro tenga buena experiencia con cachorros y sea tolerante.

Interacciones con otras mascotas y animales de granja

También es buena idea que tu Pastor Australiano conozca a otros animales. sobre todo si tienes ganado o alguna vez deseas trabajar con él en tareas de pastoreo. Pero cuidado: la seguridad siempre debe mantenerse como prioridad tanto para tu perro como para los otros animales. Animales grandes como las vacas y los caballos pueden ser un peligro real para tu Aussie. Una sola patada puede herirlo o matarlo.

Aunque los Pastores Australianos no suelen hacer daño a propósito, sí querrán instintivamente mover o perseguir a otros animales, lo que puede estresarlos o hacer que entren en pánico y se lastimen. Lo mejor es comenzar las presentaciones con una valla de por medio para observar cómo reacciona tu perro. Si lo notas demasiado alterado o asustado, aléjate un poco, deja que se calme, y luego acércate de nuevo. Refuerza siempre el comportamiento tranquilo con caricias, palabras amables o premios. Si deseas un encuentro sin vallas, primero asegúrate de que tu Aussie tenga una orden de llamada sólida. Es decir, que venga si o sí cuando lo llamas, sin importar que tan distraído esté. Si comienza a correr detrás del ganado, llámalo enseguida y premia que haya vuelto sin perseguirlos.

Aunque algunos Pastores Australianos tienen talento natural para el pastoreo, siempre es mejor tomar algunas clases con un adiestrador experimentado en perros de trabajo con ganado. El instinto está ahí, pero hay que moldearlo y eso lleva tiempo: ¡a veces varios meses de entrenamiento!

En el caso de animales más chicos, como gatos o mascotas pequeñas que no viven contigo, no hace falta forzar presentaciones. La mayoría de estos animales no disfrutan del contacto con perros, y no es algo que tu Auss-

ie necesite para su socialización diaria. Las mascotas pequeñas son delicadas y pueden salir lastimadas por accidente, así que lo mejor es mantener distancia y evitar el contacto físico directo.

Conocer nuevas personas

Aprender a interactuar con humanos es una de las habilidades más importantes que tu Pastor Australiano desarrollará. Las personas serán parte de su día a día, así que, aunque tu perro sea reservado con desconocidos, (algo totalmente normal en esta raza), debe aprender a estar tranquilo y confiado cuando hay gente alrededor.

Nunca permitas que alguien se le acerque de repente si tu cachorro tiene miedo; esto solo reforzará su inseguridad. Si notas que tu Aussie se siente intimidado, intervén de inmediato y pide, con firmeza y con respeto, que le den espacio. Es tu responsabilidad evitarle una mala experiencia. Si está inseguro, permite que la persona le ofrezca una golosina. Después de eso, lo ideal es que lo ignoren hasta que el cachorro tome la iniciativa de acercarse.

Ahora, si tu cachorro es de lo que aman a todo el mundo y se emocionan al ver gente, también hay cosas que tener en cuenta. Muchas personas también se emocionan cuando ven a un cachorro, lo que puede exacerbar aún más la situación. Pide a quienes saludan a su cachorro que hablen con calma. Y lo más importante: enséñale buenos modales. No está bien salte encima de las personas o las muerda al jugar. Los visitantes a menudo dirán "no me molesta", pero ¡a ti sí! Pídeles que no lo acaricien ni le hagan caso hasta que esté con las cuatro patas bien firmes en el suelo.

Tu cachorro debería tener contacto con todo tipo de personas: altas, bajas, hombres, mujeres, jóvenes, ancianos, personas con sombreros, gafas de sol, o en silla de ruedas. Mantén siempre la calma. ¡Si tu está ansioso, él también lo estará.

Los pastores australianos y los niños

La mayoría de los Pastores Australianos son increíblemente leales a "sus niños". Sin embargo, esto no quiere decir que se lleven bien con todos los niños que vean. Los niños desconocidos pueden resultar muy intimidantes para un perro, sobre todo por cómo se mueven, gritan o lo miran fijo a los ojos sin querer. Por eso es clave que tu cachorro tenga contacto con niños

Foto cortesia de
Lauren Kilby

desde temprano y de forma positiva, para que aprenda a manejar esas situaciones con calma. La misma regla debe aplicarse con niños y con adultos: no se debe reforzar el mal comportamiento permitiendo que el cachorro salte, persiga y mordisquee a los niños, corrígelo de forma tranquila pero firme con un "¡No!" y redirígelo hacia un comportamiento que quieras reforzar, como sentarse o echarse. Si se emociona demasiado, sepáralo unos momentos e intenta nuevamente cuando se haya calmado.

Pero el respeto no solo va del perro hacia los niños, ¡también es al revés! Es fundamental enseñarles a los chicos a respetar el espacio de tu perro. Gritar, tirarle del pelo o las orejas, abofetearlo, agarrarle la cara, querer abrazarlo y sentársele encima son comportamientos que no se deben permitir. La mayoría de los perros no se sienten cómodos con besos y abrazos. Y lo demuestran con señales sutiles. Presta atención a señales como: lamerse los labios, bostezar, entrecerrar los ojos, girar la cabeza, mirar de reojo y alejarse. Si notas algo de esto, intervén de inmediato y saca al perro de la situación. Estas señales a menudo preceden a una mordida, ¡y es tu responsabilidad evitar que esto suceda! Muchas personas afirman que nunca vieron venir una mordida, pero la realidad es que el perro estaba dando señales de advertencia todo el tiempo, ¡solo que nadie las vio!

Tómate el tiempo para enseñarles a los niños, ya sean tuyos o no, a interactuar de la manera correcta con los perros. Siempre deben pedir permiso para acariciar a su perro antes de acercarse a él. Si se les da permiso, se les debe indicar lo hagan despacio y en zonas seguras, como el lomo o el pecho, sin movimientos bruscos ni gritos. Así, no solo lo estás protegiendo, sino que también le estás enseñando al niño una lección de respeto que llevará consigo toda la vida. Los niños y los perros pueden formar lazos muy fuertes, siempre y cuando aprendan a convivir con respeto desde el principio.

Si logras que tu Pastor Australiano asocie lo nuevo con experiencias positivas, estarás construyendo una base sólida para toda su vida. Un perro bien socializado, que se adapta y disfruta de compartir contigo en cualquier lugar vale oro. ¡Y además será mucho más feliz!

Foto cortesía de Karie King Kicking K Australian Shepehrds

CAPÍTULO 7
Ejercicio físico y estimulación mental

Muchos problemas de comportamiento en los perros son causados por exceso de energía y aburrimiento. Por lo tanto, el ejercicio físico y la estimulación mental son clave para tener un Aussie en forma y feliz. Los Pastores Australianos fueron criados para ser trabajadores incansables,

Foto cortesía de
Ryan Albanese

muy inteligentes, acostumbrados a pasar el día entero activos en el campo. Necesitan estar ocupados para sentirse bien. La buena noticia es que existen muchas formas de canalizar esa energía que no necesariamente implican pastorear ganado.

Ejercicio según la edad

El ejercicio físico es una necesidad para los perros, al igual que para las personas. Sin embargo, crecen muy rápido, y sus huesos todavía están es desarrollo. Las placas de crecimiento son zonas sensibles que pueden lesionarse con facilidad si se sobrecargan, lo que podría causarles problemas para toda la vida. Para evitar eso, lo mejor es hacer sesiones cortas de ejercicio en superficies suaves y estables. Una guía fácil de seguir es: cir co minutos de ejercicio por cada mes de vida, hasta dos veces al día. Por ejemplo, si tu cachorro tiene cuatro meses de edad, con 20 minutos de sesión está perfecto. Lo ideal es jugar en césped, arena, nieve o alfombras de goma, ya que estas superficies amortiguan los movimientos y ayudan a proteger los huesos de su cachorro. Es importante evitar el pavimento, concreto o pisos resbaladizos. También es clave evitar que los cachorros salten de forma repetitiva antes del año, ya que esto puede causar daños irreversibles. Un salto ocasional durante el juego está bien, pero no conviene forzarlo a hacer ejercicios con muchos brincos, como en circuitos de obstáculos.

Foto cortesía de
Jennifer Rose

Tipos de ejercicio físico

El paseo es casi siempre lo primero que viene a la mente cuando alguien piensa en ejercitar a su perro. Caminar, trotar y andar en bicicleta con tu Aussie es una excelente manera de desarrollar resistencia. Durante los paseos con correa, refuerza siempre los buenos modales al caminar. ¡A nadie le gusta ser arrastrado por su perro! Si tu Aussie intenta tirar, solo detente en seco y espera a que él te mire o se gire hacia ti. En cuanto lo haga, felicítalo y sigue caminando. Si no presta atención, da media vuelta y camina en dirección contraria. Esto suele hacer que el perro se enfoque de nuevo a ti, porque rompe su expectativa. . Deja en claro que tirar de la correa no lo lleva a ningún lado. Entre más firme seas con esta regla desde el comienzo, más rápido aprenderá. Asegúrate de que el collar esté bien ajustado: debe quedarte cómodo para introducir dos dedos entre el collar y su cuello, pero no más.

Cuando salgas a pasear con tu Aussie en días calurosos, ten cuidado con el suelo. Aunque la temperatura sea de 30 °C, el asfalto puede llegar a los 57 °C, lo suficiente para quemar las almohadillas de sus patas. Haz la prueba apoyando el dorso de tu mano sobre el suelo: si no puedes aguantar más de cinco segundos, es demasiado caliente para tu perro.

También ten precaución en paseos largos o cuando haga mucho frio o mucho calor. en días calurosos, vigila que tu Aussie no presente señales de golpe de calor: jadeo y babeo excesivos, encías enrojecidas y piel húmeda y sudorosa. Si ves estos signos, lleva al perro a un área con sombra, mójale el cuerpo con agua y ofrécele agua fresca (no helada) para beber. En clima frío, si observas que comienza a temblar o levanta las patas por incomodidad, es señal de que necesita entrar en calor lo antes posible. En este caso, ofrécele agua tibia y abrígalo en toallas cálidas y secas.

Si dispones de poco tiempo, las cintas de correr pueden ser una gran herramienta para ejercitar a tu Aussie. Las cintas para humanos pueden utilizarse para caminar, aunque aquellas específicas para perros son ideales. Preséntasela con calma, primero dejándolo subir cuando esté apagada, dándole premios y elogios. Luego, enciende la cinta en la velocidad más baja y anima a tu Aussie a subirse de nuevo. Puede que necesite un poco de tiempo para acostumbrarse, pero con paciencia y refuerzos positivos, muchos perros terminan disfrutando este tipo de actividad. Eso sí, nunca lo dejes solo mientras él esté en la cinta.

Otra opción excelente y divertida jugar a lanzar y traer pelotas u otros juguetes. Estas sesiones cortas pero intensas son ideales para quemar energía. Elige juguetes que sean del tamaño adecuado para evitar riesgos de

*Foto cortesía de
Mikayla McDonald*

atragantamiento. Para enseñarle a traerle el juguete de vuelta, comience con lanzamientos cortos y premia cada vez que lo recoja y te lo lleve. La recompensa puede ser comida, caricias o incluso tirar otra vez el juguete. ¡Hazlo divertido!

También puede incorporar la natación a la rutina de ejercicios de tu Aussie, en especial con juegos tipo "buscar y traer" en el agua. Aunque no son una raza acuática por naturaleza, muchos Pastores Australianos disfrutan nadar, y es un excelente ejercicio. Evita las épocas del año con inundaciones y nunca dejes que tu perro nade en aguas profundas y de corriente rápida. Los perros son buenos nadadores, pero pueden ahogarse o ser arrastrados por corrientes fuertes. También evita aguas estancadas, como estanques a finales del verano. Si tu Aussie se mete en agua estancada, asegúrate de bañarlo y secarlo completamente. No solo su pelaje olerá mal, sino que las bacterias que suelen encontrarse allí pueden causar irritación cutánea o infecciones.

Muchas personas utilizan parques para perros para ejercitar a sus Aussies. Si bien el tiempo de juego con otros amigos caninos puede ser una manera fantástica de quemar energía, ten en cuenta que pueden ocurrir muchos accidentes y peleas entre perros en estos parques. Reunir a un grupo de perros desconocidos puede ser arriesgado. Si decides visitar un parque para perros, lo ideal es que sepas cómo interpretar el lenguaje corporal canino. Observa siempre como interactúa tu perro con los demás y no lo pierdas de vista. Ten en cuenta señales de advertencia como miradas fijas, ojos de ballena (cuando se ven los blancos de los ojos), postura rígida, labios curvados, pelo erizado y gruñidos bajos, agacharse o tratar de esconderse. Todas sin alerta de que algo no anda bien. En cambio, si ves a los perros con posturas corporales relajadas, cola moviéndose de lado a lado con naturalidad, y reverencias de juego, eso indica que la situación es positiva y están interactuando bien.

La importancia de la estimulación mental

"El Aussie es una raza muy inteligente y con muchas ganas de trabajar en equipo con su humano. Son dóciles y dispuestos a complacer. También tienen un agudo sentido de la justicia, así que no esperes a que se adapten a una vida aburrida, sin estímulos ni desafíos".

Tina Beck
Goldcrest Aussies

Los Pastores Australianos necesitan estimulación mental. Cuando no la tienen, es muy común que desarrollen problemas de comportamiento como cavar, masticar objetos del hogar, ladridos excesivos, caminar de un lado a otro, incapacidad para calmarse, y masticar su propio pelo y patas. Todo esto pueden ser señal de que su perro está frustrado mentalmente. Esto es especialmente importante para los cachorros, ya que están en una etapa donde el cerebro no para de absorber información. Pero no solo los jóvenes se benefician: los perros adultos y mayores también necesitan estimulación mental para mantenerse activos y alertas a lo largo de su vida.

Aquí va un dato curioso: ¡el ejercicio mental también cansa físicamente! Si bien no sustituye el ejercicio físico regular, los juegos mental-

Foto cortesía de Erick Heise

Foto cortesía de
Karie King
Kicking K Australian Shepehrds

es y el entrenamiento pueden ser una excelente herramienta para esos días lluviosos en los que no se puede salir tanto. Pasar tiempo con su perro y jugar para mantener su cerebro activo es una gran experiencia de vinculación.

Consejos para mantener ocupado a tu Pastor Australiano

Hay muchas maneras diferentes en que puedes estimular mentalmente a tu Aussie. El entrenamiento puede ser muy saludable y divertido, tanto para usted como para su perro. Puedes enseñarle trucos, reforzar comandos de obediencia o incluso iniciarlo en deportes caninos como la agilidad. El entrenamiento debe ser animado, positivo y breve. Unas pocas sesiones cortas de 5-10 minutos distribuidas a lo largo del día resu tan más

*Foto cortesía de
Jessica Graf*

efectivas que una sesión de 20 minutos, especialmente para cachorros, que no pueden mantener la atención durante mucho tiempo.

Otra gran opción son los juguetes tipo rompecabezas. Hay un montón en el mercado que estimulan el cerebro del perro haciéndolo pensar cómo conseguir una golosina o su ración de croquetas. También puedes esconder su comida o juguetes favoritos por la casa o el jardín, y enseñarle a buscarlos. Incluso puedes jugar al escondite con él: esconderte y llamarlo para que te encuentre. Si quiere ir un paso más allá, puedes introducirlo al trabajo de olfato, lo que implica enseñarle a reconocer un olor específico, luego esconder ese aroma en una habitación o en su jardín y recompensarlo cuando lo logre localizar.

Algo muy característico de los Aussies es que disfrutan sentir que están ayudando. No necesitan tener pastorear ganado para ser felices, pero sí necesitan tener una función. Puedes enseñarle tareas útiles dentro de la casa, como recoger cosas que se te caen, juntar sus propios juguetes y guardarlos, o incluso arrastrar un carrito o trineo pequeño. Lo importante es que sienta útil y que tenga una misión, algo para hacer junto a t .

CAPÍTULO 8
Adiestramiento de su Pastor Australiano

"Esta es una raza muy inteligente con muchas ganas de aprender"

Adriana Plum
Turkey Run Australian Shepherds

Foto cortesía de
Lauren Dunning

"Los Aussies son muy fáciles de entrenar. El principal consejo es la constancia. Esto aplica para cualquier tipo de entrenamiento con un Aussie. Si no eres constante, ellos se darán cuenta e intentarán salirse con la suya."

Heidi Mobley
Western Hills Australian Shepherds

Entrenar con tu Aussie es algo que harás todo el tiempo ¡lo notes o no! Esta raza es muy lista, está constantemente aprendiendo y captando tus señales. Por eso, vale mucho la pena dedicar tiempo al adiestramiento de forma activa y reforzar los comportamientos que quieres ver. Los métodos de adiestramiento que realmente funcionan son los que tienen en cuenta cómo piensa y aprende tu perro. Asique no esperes a que aparezca un problema para empezar: ¡toma la iniciativa desde el primer día y enséñale lo que esperas de él!

Beneficios de un buen adiestramiento

A todo el mundo le encanta un perro con buenos modales. Pero algo que muchos dueños primerizos no comprenden es que lograr un buen comportamiento a menudo requiere mucho tiempo y esfuerzo... ¡es trabajo de

Foto cortesía de
Cynthia Hokes

verdad! No ocurre por arte de magia de la noche a la mañana. Eso sí, el adiestramiento no tiene por qué ser una tarea pesada, por el contrario, puede ser una experiencia divertida tanto para ti como para tu Aussie. Es una de las mejores maneras de fortalecer el vínculo entre ustedes y, además, es una inversión a largo plazo en su convivencia.

Expectativas claras

"Son súper fáciles de adiestrar... SI marcas bien los límites. Si eres demasiado permisivo o no te ven como líder, ¡ellos tomarán el control!"

Joanne Harvell
Canyon Lake Aussies

Una de las claves para entrenar con éxito es tener en claro tus expectativas y objetivos. Después trata de dividir todo eso en pasos pequeños y fáciles de entender para tu perro. No puedes entrenarlo una vez al mes y esperar resultados. Tampoco logrará avances de la noche a la mañana si tiene un problema de comportamiento que lleva tiempo reforzándose sin darte cuenta. Lo ideal es que practiques en sesiones cortas de 5 a 10 minutos, varias veces por semana, ¡mejor si es todos los días! También aprovecha los momentos del día a día: las comidas, los paseos, los juegos... todo puede usarse para reforzar lo que le estás enseñando.

La constancia es clave. Por ejemplo: si a veces le permites tirar de la correa y otras no, tu Aussie no entenderá cuándo está bien o cuándo no, asique tirará siempre. Si permites que te arrastre, estás reforzando ese comportamiento porque continúas moviéndote con él en la dirección que quiere ir. En cambio, si cada vez que lo hace te paras en seco y esperas a que afloje la tensión antes de seguir caminando, aprenderá muy rápido que tirar no le funciona.

Todos los que interactúan con tu Aussie (familia, amigos y visitantes) también deben seguir las mismas reglas. Si tú no permites que te salte encima pero tus visitas lo acarician cuando lo hace, tu perro probará contigo otra vez... y eso puede echar por tierra todo tu trabajo. ¡Por eso es importante que todos estén en la misma página

*Foto cortesía de
Mary Sanders*

Fundamentos del Condicionamiento Operante

"En general, los Aussies son súper inteligentes. Pero, como con cualquier raza, se les debe enseñar a pensar. El moldeamiento o adiestramiento por condicionamiento operante (en especial con clicker) suele funcionar muy bien. La mayoría de los Aussies son muy motivados por la comida, y eso se puede aprovechar como recompensa cuando hacen las cosas bien."

Joan Fry
Bella Loma Kennels

El condicionamiento operante es un método de adiestramiento que utiliza recompensas y consecuencias para influir en el comportamiento. Y lo estés haciendo a propósito o no, este tipo de aprendizaje ocurre todo el tiempo, tanto cuando interactúas con tu perro como cuando él se relaciona con su entorno. Esencialmente, el perro asocia lo que hace con lo que ocurre después. Por ejemplo, si de niño tocaste una hornalla caliente, sentiste dolor y probablemente la evitaste después. Lo mismo pasa con las experiencias positivas: si completabas una tarea y te daban un premio, aprendías que valía la pena hacerla. Los perros aprenden de la misma manera, ¡pero las cosas que percibimos como positivas o negativas, ellos no siempre las ven de la misma manera! Si te perro te salta encima, consideras que empujarlo o regañarlo es una consecuencia negativa. Pero desde la perspectiva del perro, ¡quizás lo estás premiando! Le estás prestando atención, lo tocas, le hablas... y eso, en ese contexto, puede reforzar el comportamiento en lugar de corregirlo.

Refuerzos positivos

El refuerzo positivo puede presentarse de muchas formas: premios de comida, juguetes, elogios y caricias. Cada perro tiene sus preferencias: algunos se motivan más con comida, otros con su juguete favorito, y hay quiénes solo quieren que los acaricies o les digas que lo hicieron bien. También puedes usar situaciones de la vida cotidiana como recompensa. Por ejemplo, si quieres enseñarle a tu perro que no salga corriendo por la puerta, simplemente no le permita salir hasta que esté sentado y tranquilo. En ese caso, cruzar la puerta es la recompensa. Con el enfoque correcto, muchos perros pueden ser entrenados casi por completo utilizando solo refuerzo positivo.

"¡A los Aussies les encanta complacer a sus humanos y tienen una capacidad de concentración increíble! Te sorprenderás de lo rápido que aprenden. Y cuanto más les enseñes, más fácil les resulta aprender. Al ser una raza sensible, responden bien al adiestramiento con refuerzo positivo. Los métodos severos pueden hacer que un Aussie se bloquee y parezca terco, pero, en realidad, solo están confundidos o incómodos."

Gayle Silberhorn
Big Run Aussies

Refuerzos negativos

El refuerzo negativo puede incluir formas punitivas como reprimendas verbales, collares de corrección y corrección física. También puede tomar la forma de consecuencias negativas. Volviendo al ejemplo de la puerta: no dejarlo salir o cerrar la puerta, es una consecuencia negativa para el perro. Esta suele ser la forma más suave de refuerzo negativo, y puede tener grandes resultados cuando se ejecuta de manera correcta. Golpear, gritar o dominar físicamente a tu perro ¡nunca son formas aceptables de corrección! La corrección física adecuada puede incluir: un tirón rápido y firme de la correa para redirigirlo, guiarlo suavemente a una posición como "sentado" o "tumbado", un simple pero firme "¡eh!" para interrumpir una conducta. Lo importante es que cualquier corrección sea clara y no genere miedo. El objetivo es comunicar, no castigar.

Los peligros del adiestramiento basado en el castigo

"Los cachorros de Aussie pueden ser vocales, tener 'ataques de locura' y pasarse de la raya con su entusiasmo. Hay que recompensar el compromiso, y si se corrige, que sea con mucha moderación. Son perros que piensan... enséñales a pensar."

Joan Fry
Bella Loma Kennels

La mayoría de los perros, y los Aussies en particular, no funcionan bien con métodos basados en el castigo. Si bien no se trata de sobornar al perro por todo, tampoco aprenderá si vive con miedo a equivocarse. Los perros no hacen cosas para frustrarnos o molestarnos, no piensan como humanos, piensan como perros. Muchas veces, los errores que cometen se deben a nuestras propias fallas de comunicación o manejo.

El adiestramiento basado en el castigo suele hacer que los perros se vuelvan inseguros o apagados. En lugar de una actitud feliz y dispuesta, trabajarán solo para evitar el castigo. Incluso, pueden empezar a evitarte. Y esto arruina el vínculo entre ustedes. Además, lo que parecía un problema resuelto puede volver a aparecer semanas después, o ser reemplazado por otro comportamiento no deseado. ¡Te imaginas estar en una clase donde solo te marcan los errores y nunca te reconocen los aciertos? De seguro, terminarías odiando ir a clase... y al profesor también.

Contratar a un adiestrador y asistir a Clases

Si bien entrenar en casa es de gran importancia, tener la guía de un profesional con experiencia marca la diferencia. Muchas veces, cometemos errores sin darnos cuenta, y alguien de afuera puede detectar en segundos lo que está fallando. Lo más importante que debes comprender es que las clases y los adiestradores profesionales no van a adiestrar a tu perro por usted, sino que te enseñarán cómo adiestrarlo. Un adiestrador puede ayudarte con lo básico en una sesión, pero si no practicas en casa, no verás progreso real.

Foto cortesía de Amanda Watkins

Los veterinarios, peluqueros caninos y clubes de perros pueden recomendarte adiestradores en tu área. Al elegir un adiestrador, busca a alguien que trabaje con refuerzo positivo. Pregúntale si puedes asistir a una clase como observador. Fíjate si el ambiente es positivo, si el adiestrador se muestra paciente y explica todo de forma clara. Un buen profesional debe tener empatía tanto con los perros como con las personas. ¿Tu perro se ve cómodo y con ganas de participar? Esa es una buena señal.

Ya sea que asista a clases grupales o contrates clases particulares, tu parte es practicar en casa. Si quieres que tu perro aprenda y tenga buenos modales, necesitarás invertir tiempo y compromiso. Aprender a entrenar también implica cambiar cómo nos comunicamos con nuestros perros.

¡Diviértete con tu Aussie en deportes caninos!

"Los deportes caninos y las clases de socialización son una mejor opción para ejercitar cuerpo y mente que los parques para perros. Piensa en los parques para perros como accidentes esperando a suceder."

Francine Guerra
Alias Aussies

Los Pastores Australianos son conocidos en el mundo de los deportes caninos por su entusiasmo, inteligencia y agilidad. Por eso, no es raro que se destaquen en casi cualquier habilidad. Adiestrar a su perro para la competición enriquecerá su vínculo mientras ambos aprenden a jugar en el deporte elegido. Hay diferentes disciplinas en las que puede competir con su perro, desde recorrer pista de obstáculos hasta mover ganado en una pista de pastoreo. La mayoría de estos deportes requieren trabajo en equipo. Si estás interesado en competir con tu Aussie, ponte en contacto con el club canino local para ver si hay clases o mentores disponibles que te guíen en los primeros pasos. Algunos deportes en los que puedes participar con tu Aussie:

Agility
Tu perro recorre una pista de obstáculos con tu guía en el menor tiempo posible. Hay saltos, túneles, balancines, rampas y más. ¡Es rápido y divertido!

Obedience
Desde caminar a tu lado hasta acudir a la llamada o quedarse quieto. En niveles más avanzados puede incluir saltos, búsqueda por olor, y otras tareas de precisión.

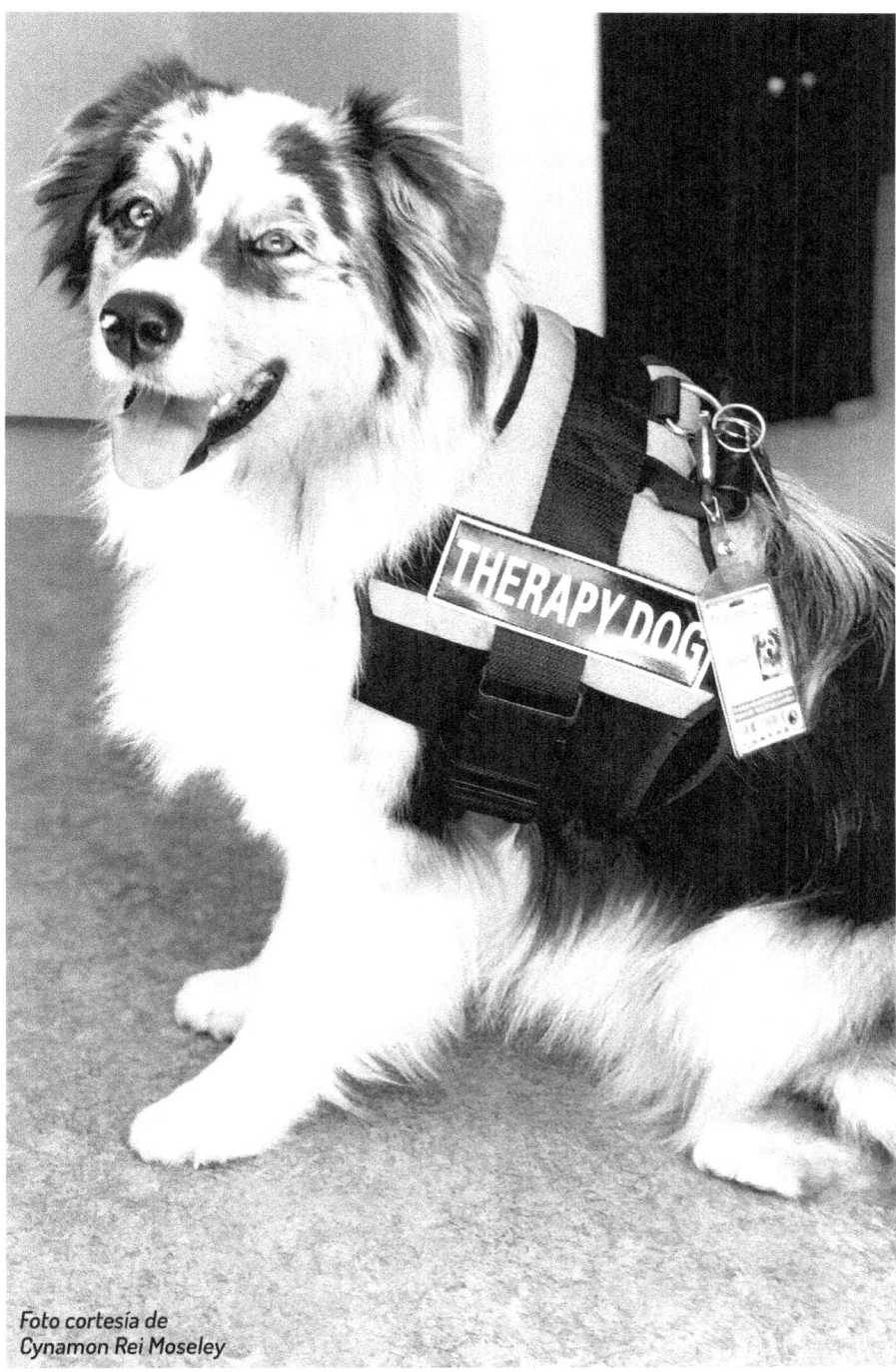

*Foto cortesía de
Cynamon Rei Moseley*

Rally-Obedience

Es una mezcla entre obediencia y recorrido de señales. Caminas con tu perro que realiza maniobras y obedece comandos en un circuito.

Foto cortesía de Lisa Ricard

Herding (Pastoreo)

Tu Aussie guía ovejas, vacas o incluso patos por un recorrido.

Nosework or Scent Work (Trabajo de olfato)

Se entrena al perro para detectar ciertos olores escondidos en diferentes objetos o lugares, ya sea en una habitación o en un área determinada al aire libre.

Tracking (Rastreo)

En este deporte, tu perro debe ser capaz de seguir un rastro de olor hasta el punto final.

Flyball

Este es un deporte de equipo muy rápido: cuatro perros corren en relevos saltando una línea de obstáculos, activan una caja que lanza una pelota y vuelven a toda velocidad.

Dock Diving (Salto al agua)

Tu perro debe saltar desde un muelle a una piscina y se mide qué tan lejos llega.

Si estás interesado en practicar un deporte con tu Aussie, ponte en contacto con el club canino local y fíjate qué clases ofrecen. También puedes buscar en los calendarios de eventos de la Federación Cinológica Internacional (FCI) o en las organizaciones caninas reconocidas de tu país en sus sitios web. Encuentra un evento cerca tuyo al cual asistir y conéctate con personas que ya estén en el deporte que pueden ayudarte a unirte a clubes y asociaciones regionales.

No existe un único método de adiestramiento que funcione con todos los perros. Cada Aussie es único. Si tu perro responde al método elegido con entusiasmo, entonces vas por buen camino. Si no, no tengas miedo de probar otra técnica, o pedir ayuda profesional. Ya sea que estés trabajando en obediencia básica o compitiendo en alto nivel, el adiestramiento debe ser divertido para los dos.

CAPÍTULO 9
Comandos básicos de obediencia

"Pueden ser un poco controladores en situaciones activas. Yo los llamo 'los policías de la diversión'. Tener un buen vínculo con tu perro mediante la obediencia y los buenos modales será de gran ayuda. Es que tu Aussie tenga un buen 'quieto echado', 'déjalo' o un 'ya basta'. Son comportamientos instintivos, por lo que enseñarle Treibball (pastorear una pelota grande por el jardín) puede ayudar, o incluso una clase deportiva divertida. Algunos Aussies se frustran si no tienen una actividad y pueden comenzar a ladrar demasiado".

Melonie Eso
WCK Aussies

Foto cortesía de
Hope Bailey

El adiestramiento de obediencia no es algo opcional, es una parte esencial de tu responsabilidad como dueño de un Pastor Australiano. Aunque los perros han sido criados durante siglos para trabajar con las personas y ayudarnos en muchas tareas, no nacen sabiendo lo que esperamos de ellos. ¡Eres tú quien debe enseñarles qué está bien y qué no! El adiestramiento básico de obediencia es el primer paso para eso.

Consejos para un adiestramiento exitoso

No existe un método único para enseñar un comando o abordar un problema de comportamiento. Lo que funciona para un perro, puede no funcionarle a otro. En este capítulo repasaremos los métodos más comunes para enseñar siete comandos o comportamientos básicos.

La mayoría de los perros aprenden mucho más rápido las señales físicas, como los gestos con las manos, que las señales verbales. Y tiene todo el sentido: los perros se comunican entre ellos sobre todo a través del lenguaje corporal. En cambio, nuestra voz cambia según nuestro estado de ánimo, pero un gesto de mano suele ser siempre el mismo. Los Aussies, además, son muy perceptivos a los detalles: notan cualquier cambio en tu postura, tono de voz o energía. Así que debes ser consciente de cómo te mueves y hablas cuando estén entrenando. Un mismo comando puede significar cosas distintas si lo das con entusiasmo o si lo decís frustrado, a menos que le hayas enseñado que el tono no cambia el significado. Por ejemplo, si le enseñaste el "sentado" usando la mano derecha, también deberás enseñarle que si haces el mismo gesto con la izquierda significa lo mismo.

Cuando empieces a enseñar un comando verbal, no uses la palabra ("siéntate", "échate", etc.) hasta que tu perro entienda realmente lo que le estás pidiendo. Asegúrate de tener su atención de antes de dar un comando, y di el comando sólo una vez. Si le dices "siéntate, siéntate, siéntate", y tu perro se sienta a la tercera, tu perro creerá que el comando real es "siéntate, siéntate, siéntate", no solo un "siéntate"!

Otra cosa a tener en cuenta es que los perros no generalizan tan fácilmente como nosotros. Quizás tu Aussie se sienta perfecto cada vez que le dices "siéntate" en la cocina, pero cuando lo llevas a otra habitación o al exterior, parece que se les olvidó todo. Debes enseñarle que "siéntate" significa lo mismo en cualquier parte. Practica en diferentes lugares: en cada habitación de tu casa, en el jardín, en el parque o en lugares pet-friendly. Lo mejor es empezar en un entorno tranquilo, sin muchas distracciones , y una vez que entienda el comando, ir sumando distracciones de a poco.

Foto cortesía de
Kayla Umbaugh

Asegúrate de mantener las sesiones cortas, entre 5 y 10 minutos es ideal. Que el adiestramiento sea siempre positivo y divertido. Trata de terminar con algo que ya sabes que le sale bien. Si tu Aussie se está frustrando con un ejercicio, pídele algo que sí sepa hacer, prémialo y termina la sesión allí. Después del entrenamiento, un breve descanso de 5 minutos en su jaula lo puede ayudar a procesar lo que acaba de aprender.

Marcadores de comportamiento y palabras de liberación

Antes de comenzar a enseñar comandos de obediencia, necesitarás tener una forma de comunicarle a tu Aussie que ha hecho algo bien. A esto se le llama marcador de comportamiento. También es importante enseñarle una palabra de liberación, que le indica cuando puede dejar una posición, como "sentado" o "echado".

Los marcadores de comportamiento le indican a tu perro: "¡Eso estuvo bien, te ganaste una recompensa!" Puede ser una palabra, como "¡sí!" o "¡bien!", siempre y cuando utilices la misma cada vez. Los marcadores también pueden ser una herramienta llamada clicker, que hace un sonido de clic cuando presionas un botón. La ventaja del clicker es que siempre suena igual, mientras que tu voz puede cambiar según tu estado de ánimo. De todas formas, cualquiera de los dos métodos dará resultados satisfactorios, y puedes usar ambos si lo deseas.

Antes de usar un marcador de comportamiento, debes "cargarlo", es decir, debes enseñarle a tu perro que ese sonido o palabra significa que algo bueno está por venir. Al principio, tu Aussie no entenderá que un clic o un "sí" tiene un significado. Para cargar un marcador, toma un puñado de premios (suaves y pequeños, que le encanten). Un poco de queso tipo mozzarella bajo en grasa o premios blandos comerciales para adiestramiento son buenas opciones. Haz que tu perro se acerque a ti, usa marcador ("¡sí!" o clic), espera unos segundos, luego dale un premio como recompensa. Repite esto unas 10 veces: marcador, pausa, premio, pausa. Al día siguiente, repite la sesión. Para entonces, es muy probable que tu Aussie ya haya asociado el marcador con algo positivo.

Usar bien un marcador de comportamiento requiere muy buen timing. Debes usarlo en el momento exacto en que tu perro realiza el comportamiento que deseas. Por ejemplo, si le pides que se siente, maca en cuanto su trasero toque el suelo. Cuanto más preciso seas con el momento, más rápido aprenderá lo que le estás enseñando.

Las palabras de liberación son igual de importantes, porque le enseñan que debe permanecer en una posición hasta que le indiques lo contrario. Esta es la base para los ejercicios de "quieto". En lugar de pensar en "siéntate" y "quieto" como dos comandos distintos, puedes enseñarle que "siéntate" ya implica quedarse allí hasta que tú lo liberes. Algunas palabras comunes de liberación son "vale", "libre" o "ya". Elige una, y úsala siempre. Cuando le des un comando de posición eres tú quien debe liberarlo. Si se mueve antes de que lo liberes, vuelve a colocarlo suavemente en la posición original. Después de liberarlo, puedes elogiarlo o acariciarlo como recompensa. Como regla general, no le des golosinas después de liberar porque la liberación en sí es la recompensa principal. La idea es que aprenda a disfrutar ese momento como parte del juego o del trabajo bien hecho.

Comandos básicos

Sit ("Sentado")

Para enseñarle "siéntate" a tu Aussie, primero debes captar su atención de. Sostén una pequeña golosina entre tus dedos y deja que la huela. Luego, levanta la golosina lentamente sobre su nariz y cabeza. Al seguir el movimiento con la mirada, su nariz se inclinará hacia arriba y, como resultado, su trasero bajará de forma natural. En cuanto su trasero toque el suelo, marca el comportamiento y dale la recompensa. Repite esto varias veces antes de hacer una pausa. Si tu perro tiene camina hacia atrás en lugar

Foto cortesía de Colleen Bradley

de sentarse, intenta levantar el señuelo más alto y moverlo más lento. También puedes practicar esto contra una pared o en una esquina para evitar que retroceda. Una vez que tu perro comience a entender lo que le estás pidiendo, puedes agregar el comando verbal (por ejemplo, "siéntate") y comenzar a desvanecer el señuelo. Esto quiere decir que dejarás de usar la comida para guiarlo hacia la posición, e irás reduciendo las recompensas de manera gradual: una cada dos veces, después cada tres o cuatro, hasta que ya no la necesites. En este punto, deberías poder levantar la mano con la palma hacia arriba para indicarle que se siente. También es importante que uses tu palabra de liberación antes de que tu perro se levante. Al principio, solo esperarás que permanezca sentado unos pocos segundos, ¡y está perfecto así!

Echado

Para enseñarle a echarse, primero capta su atención y dile que se siente. Toma una pequeña golosina entre tus dedos, sostenla frente a su nariz y permita que huela lo que tienes. Ahora baja tu mano directamente hacia el suelo. Lo más probable es que tu perro comience a agacharse para seguir el señuelo. Apenas baje su pecho o parte del cuerpo, marca y recompensa. No hace falta que se acueste por completo al principio. Repite el ejercicio varias veces más, bajando la mano un poco más cerca del suelo. Si tu perro tiende a querer ponerse de pie, es posible que estés moviendo la mano demasiado rápido o muy lejos hacia adelante. Cuando tu Aussie comience a entender lo que le estás pidiendo, agrega el comando verbal "échate" y comienza a desvanecer el señuelo. Con práctica, solo tendrás que bajar la mano hacia el suelo para que se eche. Y recuerda: una vez que entienda lo que significa "échate", tú eres quien tiene que liberarlo.

Stay ("Quieto")

A estas alturas, tu Aussie debería tener bien en claro que significan los comandos de sentarse y echarse, y también ya tendrías que haber trabajado una palabra de liberación. Esto te da la base perfecta para enseñar un "quieto" sólido. Comienza pidiéndole que se siente. Espera tres segundos, mara el comportamiento, recompensa y libéralo. Repite este ejercicio varias veces en posición sentada, y luego en posición echada. En cada sesión, puedes aumentar de 3 a 5 segundos el tiempo que esperas antes de liberar. Si se levanta antes de que le des la señal, simplemente vuelve a colocarlo en la posición y reduce un poco el tiempo en la próxima sesión. Cuando tu perro pueda quedarse quieto con mientras estás parado frente a él, ya puedes agregar el comando verbal de "quieto" y comenzar a introducir distracciones. Por ejemplo, mueve un brazo, o da un paso al costado. Si se mantiene en su lugar, marca y premia. A medida que me-

Foto cortesía de Lauren Kilby

jora, agrega más dificultad. Si en algún momento le cuesta, baja el nivel de dificultad un poco y retoma desde ahí. Eventualmente, tu Aussie podrá quedase quieto incluso si te alejas 20 metros o das saltos a su alrededor. Esto requiere tiempo, constancia y creatividad, pero cada pequeña mejora vale un montón.

Come (que venga cuando se lo llama)

Este comando es uno de los más importantes que le puedes enseñar a tu perro, y para que sea realmente confiable, tienes que asegurarte de que venir hacia ti siempre sea una experiencia increíble para él. Comienza practicando en casa. Llámalo por su nombre y di una palabra como "ven" o "aquí". Usa tu marcador y recompénsalo con elogios alegres y una rica golosina apenas llegue. Haz que parezca una fiesta cada vez que viene a ti. Cuando ya responda bien dentro de casa, lleva el entrenamiento al exterior. Usa una correa larga de 6 metros o practica en un lugar seguro y cercado. Cuando se aleje un poco, llámelo de la misma manera y festeja cuando venga. Recompensa siempre que acuda al llamado. Nunca lo retes cuando llega hacia ti, si lo llamas y lo regañas cuando llega, aprenderá que ir hacia ti no es algo positivo. Incluso si vas a bañarlo o hacer algo que no le gusta, premia el hecho de que haya ido antes de pasar al "momento incómodo". Este comando podría salvarte la vida si alguna vez se escapa o corre hacia una situación peligrosa. Vale la pena trabajarlo bien.

Foto cortesía de Sheila Romanski

Suelta/Deja

Piensa en este comando como un intercambio amigable. Quieres que tu perro suelte algo porque confía en que lo que vas a darle a cambio es mejor. Puedes empezar mientras están jugando. Ofrécele un juguete o espera a que lo agarre solo, y después muéstrale una golosina. En cuanto suelte el juguete, marca el comportamiento y premia con la comida. Luego, devuélvele el juguete y repite esto algunas veces más. Si pierde interés en el juguete, no pasa nada, simplemente termina la sesión allí. Si notas que le interesa el juguete más que sus golosinas, prueba un artículo de menor valor o con mejores golosinas. La clave es que prefiera lo que tú tienes. Cuando suelte el juguete con facilidad ante la oferta de la comida, empieza a esconder las golosinas detrás de tu espalda y alcanza el juguete con la otra mano. Si no lo suelta, vuelve al paso anterior. La idea es ir subiendo de nivel, probando con objetos más valiosos, como huesos masticables o sus juguetes favoritos. Este comando es fundamental si alguna vez agarra algo peligroso o tóxico. No subestimes lo útil que puede ser enseñarle a soltar lo que tiene en la boca.

Caminar con Correa

Enseñarle a tu perro a caminar con la correa sin tirar lleva tiempo y constancia, pero cuanto antes establezcas las reglas claras, menos problemas tendrás después. En primer lugar, tu Aussie tiene que aprender que tirar de la correa no lo llevará a ninguna parte. Nunca permitas que trate de arrastrarte. Nunca. Si comienza a tirar, detente en seco. Por lo general, eso es suficiente para hacer que se detenga y gire a mirarlo para ver por qué se detuvo. En cuanto te mire, use su marcador y recompensa. Intenta avanzar de nuevo, y si camina unos pasos sin tirar, maraca y premia. Puedes usar elogios verbales en cualquier momento, pero trata de espaciar las golosinas para que no dependa siempre de ellas. Si tienes un perro que continúa tirando incluso cuando te detienes y mantienes su posición, comienza a retroceder. Sigue haciéndolo hasta que se gire a mirarte, y ahí sí, usa tu marcador y recompensa. Elogia y recompensa cada vez que camine a tu lado con la correa floja durante varios pasos. Los perros aprenden mejor con coherencia y repetición. Si un día le permites tirar de la correa una vez, al siguiente lo intentarán de nuevo y todo lo que había avanzado puede echarse por tierra. Incluso los perros más entrenados a veces necesitan un pequeño repaso para recordar cómo se camina con buenos modales.

El adiestramiento lleva tiempo y perseverancia, pero la recompensa de tener un Aussie que entiende lo que se espera de él hará que la vida juntos sea muchísimo mejor. Estos perros viven para complacer a sus humanos favoritos ¡y harían cualquier cosa por ti!

CAPÍTULO 10
Cómo manejar los comportamientos no deseados

El mal comportamiento en los perros es causado por varios factores: etapas normales de desarrollo en cachorros, aburrimiento, exceso de energía, problemas de temperamento o simplemente porque no les queda claro qué esperas de ellos. Los perros no hacen las cosas para frustrarte o decepcionarte. A veces, los humanos interpretamos su comportamiento como si fueran personas, y eso les juega en contra. Tu perro no es un humano en un cuerpo peludo; es un animal altamente social y adaptado a vivir con nosotros, pero sigue siendo un perro, con necesidades y una forma

Foto cortesía de Joshua Martin

diferente de ver el mundo. Por eso, cuando algo no va bien, muchas veces lo mejor es hacer una pausa y tratar de entenderlo desde su punto de vista.

¿Qué se condsidera el mal comportamiento en los perros?

Los problemas más comunes en los Pastores Australianos incluyen: morder objetos del hogar, travesuras destructivas, ladridos excesivos, saltar sobre personas o muebles, y mordisquear los talones. Sin embargo, piensa que tu Aussie no lo hace porque quiera desafiarte. Lo más probable es que sus necesidades no estén satisfechas, o que aun tú no le hayas enseñado lo que esperas de él.

Prevención de comportamientos problemáticos

"La mayoría de los Pastores Australianos necesitan tener una tarea para ser felices. Buscan formas de ayudar y, si no le das un trabajo, se inventarán uno".

Allison Lutterman
DreamWinds

La prevención es clave si quieres evitar problemas de comportamiento. Esto comienza desde el principio, cuando eliges a tu cachorro para llevar a casa. Considera el temperamento individual y la forma en que los cachorros fueron criados por su criador, esto tiene un gran impacto en su vida. Por ejemplo, si los padres del cachorro son excesivamente tímidos, ansiosos o agresivos es muy probable que esos rasgos se transmitan. Los problemas temperamentales fuertes no se eliminan solo con cariño: pueden mejorar, pero suelen requerir mucho trabajo y compromiso.

Después de haber llevado a tu Aussie a casa, lo más importante es establecer reglas claras desde el comienzo. Nada de "a veces sí, a veces no". Si le permites hacer algo una vez, lo intentará hacer siempre. Además, es clave preguntarte: ¿Yo mismo estoy reforzando este comportamiento que quiero evitar? Muchas veces, sin querer, lo estamos premiando o generando. También ten en cuenta que los cachorros e incluso los perros adultos aún están aprendiendo las reglas de tu casa. Cometerán errores, y eso es normal.

Los cachorros, especialmente, son como esponjas, pero también pasan por etapas donde olvidan todo lo aprendido. La clave es tener paciencia, repetir y ser constante.

Por último, no olvides que un Aussie que no está física y mentalmente estimulado va a buscar su propia forma de entretenerse. Cuando no obtienen suficiente ejercicio físico o mental, esto se manifiesta a través de comportamientos destructivos o compulsivos. ¡Asegúrate de que esté recibiendo suficiente ejercicio cada día, y dedica tiempo a entrenarlos y jugar con ellos!

"¡Los Pastores Australianos necesitan CORRER! No solo un paseo casual por la manzana, sino correr a toda velocidad. No puedo repetirlo lo suficiente. Son perros de trabajo que necesitan ejercitar su cuerpo y mente. Los juegos mentales pueden ayudar cuando el clima no coopera. Rompecabezas, trucos y entrenamiento son buenos. Si no ejercitas a esta raza todos los días tendrás un perro estresado y destructivo".

Gayle Silberhorn
Big Run Aussies

Corrigiendo malos hábitos

Masticar

La necesidad de un perro de masticar es completamente natural; fortalece su mandíbula y ayuda a mantener sus dientes limpios. En los cachorros, además, es más común porque están en la etapa de dentición, al igual que los bebés. El primer paso para que no mastiquen lo que no deben es aceptar que necesitan masticar, y darles opciones adecuadas. Ofrece siempre una variedad de juguetes seguros, resistentes y diseñados para perros activos como los Pastores Australianos. También, debes tratar de reducir las tentaciones,. Guarda los zapatos, juguetes de niños y otros objetos que puedan ser atractivos. Mantén a tu perro en su jaula con algunos juguetes cuando no puedas supervisarlo. Si llega a agarrar algo que no debe, dile con calma pero firmeza "¡No!" o "¡Ah ah!", quítale el objeto y ofrécele uno de sus juguetes en su lugar. En cuanto lo tome, elógialo enseguida.

Si tu Aussie está muy empeñado en masticar algo que no debe o un mueble, puedes probar con un spray disuasivo o amargo. Ese sabor desagradable les quita las ganas y ayuda a que asocien ese objeto con algo negativo.

Excavar

Este comportamiento puede derivarse del aburrimiento, intentos de escape, instinto de caza (como cuando persiguen topos), tratar de mantenerse fresco, o simplemente porque quieren esconder sus juguetes y golosinas para más tarde. Aunque para tu perro no es un problema, puede arruinar tu jardín. En primer lugar, asegúrate de que tu Aussie tenga muchos juguetes y esté recibiendo suficiente ejercicio y estimulación mental. Si el clima es cálido, fíjate que tenga suficiente sombra, o mejor aún, mantenlo dentro de la casa durante las horas más calurosas del día. Si tu perro realmente ama cavar, una buena opción es crearle un lugar designado para eso, como una caja de arena en un zona sombreada.

Si lo ves cavando en un lugar donde no debe, interrúmpelo con un "¡No!" en un tono tranquilo pero firme, y redirígelo hacia su zona para cavar o hacia un juguete. A menudo, muchos perros vuelven al mismo agujero una y otra vez, así que puedes prevenir esto colocando piedras grandes o una malla de gallinero encima. También hay quienes colocan un poco de excremento del mismo perro en el fondo del agujero antes de taparlo, lo cual suele desanimarlos bastante.

Ansiedad por separación

Este problema puede causar mucho estrés tanto al perro como a la persona que lo quiere. La ansiedad por separación ocurre cuando su perro experimenta angustia leve a severa al quedarse solo o al separarse de alguien (humano o canino) con quien está muy apegado. Los signos de ansiedad por separación pueden incluir caminar de un lado a otro, ladrar y gemir, babear, jadear, temblar, comportamientos destructivos como masticar o arañar puertas y ventanas, o hacer sus necesidades dentro de la casa. Es importante poder distinguir entre la ansiedad por separación y otros problemas de comportamiento. Por ejemplo, si hace pis en casa, podría ser que solo necesita reforzar el entrenamiento para hacer sus necesidades afuera.

Si tu perro tiene ansiedad por separación leve a moderada, debes considerar el entrenamiento con jaula y enseñarle a que la vea como un lugar seguro y positivo.. Algunos perros con ansiedad leve se sienten más seguros en sus jaulas cuando se quedan solos. Empieza por meterlo en la jaula por períodos cortos a lo largo del día, siempre con golosinas o juguetes especiales. Es clave que no lo encierres solo cuando te estás por ir, porque entonces asociará la jaula con un evento negativo como quedarse solo.

Asegúrate de ejercitar bien a tu perro antes de dejarlo solo. Si está cansado, tendrá menos energía para comportamientos destructivos. También, puedes "romper" la rutina previa a tu salida. Por ejemplo, si por lo general te pones los zapatos, recoges tus llaves y luego te vas, prueba ponerte los zapatos, pero siéntate a la mesa por unos minutos. Varía tus movimientos para que no asocie ciertas acciones con que te vas a ir. Esto ayudará a reducir la anticipación y la ansiedad. Cuando finalmente salgas, asegúrate de mantener la calma y evitar mostrar cualquier emoción. Pon a tu perro con tranquilidad en su espacio seguro con un juguete relleno de golosinas o algo para masticar, y aléjate. Nuestra emoción o intentos de consolar a nuestros perros a menudo solo empeoran las cosas y aumentan su ansiedad.

Mordisquear y morder

Que un cachorro muerda o mordisquee jugando es totalmente normal: así interactúan entre ellos. Sin embargo, ¡la piel humana es mucho más delicada que la de un perro! Este comportamiento puede volverse un problema si no se corrige desde el principio. Si tu perro o cachorro mordisquea o muerde juguetonamente, dile "¡No!" y deja de prestarle atención de inmediato. Aléjate sin mirarlo, tocarlo o hablarle. Después de unos minutos, vuelve a interactuar con él con calma. Repite este proceso si intenta mordisquearte de nuevo. Así aprenderá que cuando juega a morder contigo, se termina toda la diversión.

Si a tu Pastor Australiano le gusta mordisquear los talones, en especial cuando alguien está caminando o corriendo, primero dile "¡No!" y detén todo movimiento. Luego, pídele que realice un truco que ya conoce como "sentado" o "quieto" para redirigir su atención y recompénsalo cuando cumpla. Si es muy insistente con mordisquear los talones, puedes aplicar un aerosol amargo en la parte baja de los pantalones para desalentar el hábito. Eso sí, úsalo solo al principio.

Saltar sobre personas y muebles

Este es uno de esos comportamientos que, sin darnos cuenta, a veces nosotros mismos reforzamos. Que tu Aussie se suba a los muebles o salte sobre las personas tiene que ser una regla clara: o siempre está permitido, o nunca. No puedes regañarlo un día por saltarte encima y al otro invitarlo a tus piernas para saludar. Esto solo lo confunde y hace que no entienda que esperas de él. Lo mismo aplica para todas las personas que lo rodean. Si no está bien que tu perro salte sobre ti, tampoco debería hacerlo sobre otras personas.

Nunca lo premies por saltar, aunque sea sin querer. Empujarlo o hablarle también cuenta como atención, y para tu Pastor Australiano, eso es una recompensas. Si te salta encima, solo date la vuelta sin decir nada, sin tocarlo ni mirarlo. En cuanto tenga las cuatro patas en el piso, dale un mimo tranquilo o felicítalo con voz suave. Es posible que tengas que repetir esto varias veces, pero pronto aprenderá (con recordatorios ocasionales) que quedarse tranquilo en el suelo es lo que gana tu atención. También puedes practicar esto con ayuda de otra persona y una correa. Haz que tu amigo se acerque para saludar al perro mientras tú sostienes la correa. Si intenta saltar, la persona debe retroceder inmediatamente. Una vez que tenga las cuatro patas en el suelo y esté tranquilo, puede acercarse de nuevo y recompensarlo con golosinas o elogios y afecto si el perro no salta.

Permitir que los perros se suban a los muebles o a la cama suele ser una cuestión de preferencia personal. Sin embargo, es mucho más fácil establecer límites al principio (y permitir privilegios más tarde) que deshacer un patrón aprendido en un futuro. Si prefieres que no se suba a los muebles, asegúrate que tenga su propio lugar cómodo: una cama para perros acolchada funciona perfecto. Si intenta subirse a los muebles, dile con calma pero firmeza "¡No!", llámalo para que baje y dirígelo a su lugar con su juguete favorito o algo rico para masticar. ¡Felicítalo cuando se quede allí tranquilo!

Comportamiento inapropiado con otras mascotas

El problema más común aquí es cuando tu Aussie comienza a intimidar a otras mascotas en la casa. Si se vuelve demasiado brusco durante el juego y hace cosas como empujar con su cuerpo, morder el cuello o forzar a otro perro a ponerse de espaldas, es hora de intervenir. Colócale un collar plano con hebilla y conéctale una correa de al menos 1,8 metros de largo antes de liberarlo para jugar. Cuando veas un comportamiento inapropiado, di de inmediato "¡No!" o "¡Ah-ah!" en un tono de voz firme pero tranquilo y tómalo por la correa para frenar la acción. También es útil intervenir antes de que la situación se salga de control; si ves que tu perro se está alterando mucho, llámalo y recompénsalo por obedecer. Pídele que haga un truco o que se quede quieto y recompénsalo antes de liberarlo para jugar de nuevo. Puedes usar estos métodos para evitar que persiga o juegue bruscamente con gatos y otras mascotas. Asegúrate de elogiarlo y recompensarlo cuando juegue bien o se comporte con calma hacia las otras mascotas.

Gruñir y ladrar

Los perros se comunican principalmente a través del lenguaje corporal y el olfato, pero también usan vocalizaciones. Los ladridos suelen ocurrir durante el juego, o como una alerta o advertencia. En su mayoría, los ladridos excesivos son por alerta, ya sea mirando por la ventana o en el patio. Para controlar esto, interrumpe a tu perro con un firme "¡No!" y redirige su atención a un juguete o pídele que realice un truco diferente. Recompénsalo y elógialo cuando cumpla.

El gruñido, por otro lado, puede ocurrir durante el juego (como un tira y afloja), o puede ser una advertencia seria antes de una mordida, y siempre debe tomarse en serio. Nunca castigues a tu perro por gruñir, ya que esto le enseñará a no advertir y puede llevar a una situación peligrosa. Por lo general, tu perro está incómodo o asustado, y está tratando de decirle a lo que sea que está causando su miedo que retroceda. Si tu perro te gruñe a ti o a un miembro de la familia, busca ayuda profesional.

¿Cuándo llamar a un profesional?

Comportamientos problemáticos que podrían ser peligrosos, como morder, agresión o timidez extrema, así como cualquier problema de comportamiento que lleva meses sin mejorar, siempre deben ser evaluados por un especialista en comportamiento animal o un adiestrador profesional que se especialice en este tipo de casos. A veces, cuando estamos lidiando con un problema grave, puede ser difícil ver lo que está fallando hasta que un experto observa la situación desde afuera.

Un especialista en comportamiento empezará con una llamada telefónica o una entrevista cara a cara, donde te hará muchas preguntas sobre tu perro y los problemas que estás enfrentando. Luego, organizarán una reunión en persona para tratar de presenciar el comportamiento y ofrecer soluciones que se adapten a tus circunstancias específicas. Muchas veces, lo que creemos que es la causa no es realmente el problema de fondo. Después de su evaluación, el especialista te dará recomendaciones para trabajar en casa y establecerá evaluaciones de seguimiento para asegurarse de que se esté avanzando.

El viejo dicho "más vale prevenir que curar" no podría ser más cierto cuando se trata de criar y adiestrar a su Pastor Australiano. Sin embargo, incluso los dueños más preparados se enfrentan a problemas de vez en cuando, ¡y eso está bien! Aprende a reconocer los problemas desde el principio y trabaja en solucionarlos antes de que se conviertan en un problema mayor. No tengas vergüenza de pedir consejo a un profesional calificado; muchos problemas graves de comportamiento podrían evitarse si buscáramos ayuda desde el comienzo.

CAPÍTULO 11
Viajar con tu Pastor Australiano

"Ellos quieren ir donde tú estés."

Allison Lutterman
Dream Winds Australian Shepherds

A los Pastores Australianos a menudo se los llama *perros velcro*, y con razón: la mayoría no deja tu lado ni por un segundo. Son excelentes compañeros de viaje y disfrutan de la vida en el camino con sus dueños. Sin embargo, no siempre es posible llevarlos con uno. En este capítulo repasaremos cómo hacer que los viajes con tu Aussie sean una experiencia segura y sin estrés. Y también, qué hacer para que se quede tranquilo y cómodo cuando no pueda acompañarte.

Foto cortesía de Karyn Hynd

Transportadoras y sistemas de sujeción para el automóvil

"Mis Pastores Australianos son excelentes compañeros de viaje. Disfrutan de los paseos en coche. Son perros muy adaptables siempre y cuando estén con su humano. Pero eso sí, tiene que ir bien asegurados, ya sea con cinturones de seguridad para perros o transportadoras."

Francine Guerra
Alias Aussies

La opción más segura para que tu perro viaje en el coche es dentro de una transportadora. Deben ser lo suficientemente grandes para que su perro pueda ponerse de pie y darse la vuelta. Aquellas construidas con materiales más resistentes, como aluminio laminado o acero, ofrecerán mejor protección en caso de accidente que las fabricadas con tela o plástico. El lugar más seguro para colocarlas es en el suelo o en la parte trasera del vehículo. Sujetar firmemente las transportadoras puede prevenir que se desplacen o muevan en un accidente.

Otra alternativa válida son los cinturones de seguridad para perros, que están ganando popularidad. Deben ser de tipo arnés y estar correctamente ajustados, con correas bien acolchadas que sean lo más anchas posible para distribuir la fuerza del impacto. Las correas de sujeción deben ser cortas y poder fijarse en la parte posterior del arnés, no en el cuello del perro. Lo ideal es que tu Aussie siempre viaje en el asiento trasero del vehículo. Los airbags del

Foto cortesía de Megan Rogers

asiento delantero o una falla del arnés podrían causarle heridas graves o incluso fatales.

Prepararse para el viaje

La preparación necesaria para un viaje con tu Pastor Australiano de seguro variará mucho dependiendo de adónde te dirijas y cuánto tiempo estarás fuera. Para trayectos cortos, asegúrate de que haya hecho sus necesidades antes de subir al auto. Evita alimentarlo previo al viaje, en especial si es propenso a marearse o si es un cachorro. Si tu perro no viaja en transportadora, es recomendable quitar cualquier objeto suelto que pueda moverse o lastimarlo en el camino. Y si va dentro de una transportadora, fíjate que no haya cosas cerca que pueda alcanzar, jalar y morder a través de los barrotes.

Tener a tu Pastor Australiano bien identificado cuando está viajando es de gran importancia. Las mascotas pueden perderse durante el viaje, y esto se complica aún más en lugares desconocidos. La mejor opción para todos los perros, ya sea que viajen con frecuencia o no, es un microchip. Es una identificación permanente, del tamaño de un grano de arroz, con un número de identificación único, que se implanta bajo la piel. El número puede registrarse en una base de datos nacional, y si alguien lo encuentra, en cualquier veterinaria o refugio pueden escanearlo y contactarte. Como refuerzo, también puedes ponerle un collar plano con hebilla, ajustado a su medida, que tenga tus datos escritos o bordados. Las chapas también se usan bastante, pero pueden engancharse y romperse. En caso de utilizarlas, asegúrate de que estén bien sujetas.

Para viajes largos, haz una lista de cosas para no olvidarte nada. Incluye: comida, recipientes, cualquier medicamento o suplemento, una transportadora de repuesto, bolsas para recoger sus necesidades y juguetes. También es útil llevar toallitas o papel de cocina y bolsas para desechos. ¡Uno no las necesita hasta que las necesita! Otro consejo importante es siempre llevar una copia del certificado de vacunación antirrábica en caso de emergencia, ya que la mayoría de los países exigen que los perros estén vacunados.

Aunque la mayoría de los Pastores Australianos disfruta dar paseos, algunos pueden tenerle miedo al coche al principio, sobre todo si son cachorros o perros recién llegados. En ese caso, comienza de a poco. Mételo al coche con el motor durante uno o dos minutos. Prémialo con golosinas y elogios, luego déjalo salir del vehículo. Luego, aumenta la cantidad de tiempo poco a poco, prende el motor y realiza recorridos cortos. ¡Tu Aussie pronto asociará los viajes en coche con la diversión, porque significa estar contigo!

Volar y hospedarse con tu Pastor Autraliano

"Los Pastores Australianos son compañeros maravillosos de viaje, siempre y cuando estén adiestrados. En lo personal, sugiero llevar una transportadora si vas a un hotel. Es una gran opción si sales a comer: ellos estarán cómodos y seguros allí dentro."

Heidi Mobley
Western Hills Australian Shepherds

Viajar en avión con tu Pastor Australiano puede tener sus complicaciones pero planificación adecuada es totalmente posible. En general, estos perros no son pequeños como para volar en cabina, a menos que sean cachorros jóvenes. Las reglas para llevar mascotas como equipaje de mano varían según la aerolínea, y puede ser una buena opción si estás viajando para buscar un cachorro al criadero. La mayoría de los Pastores Australianos viajarán en la bodega, en un área de carga presurizada.

Antes de volar, comunícate con la aerolínea para conocer todos los requisitos. Una vez que tengas los pasajes, deberás programar una visita al veterinario para que le emita un certificado de salud y preparar una transportadora que cumpla con las normas de vuelo. estas transportadoras deben ser rígidas (por lo general de plástico) y ser lo suficientemente grandes para que tu Aussie pueda ponerse de pie, darse vuelta y echarse con comodidad. Asegúrate de que esté en buen estado y que los pernos estén bien ajustados. Coloca los recipientes de comida y agua sujetos a la puerta por dentro, y pega una bolsa de alimento seco con cinta adhesiva a la parte superior de la transportadora. Para cubrir el piso, utiliza papel triturado, toallas o una cama absorbente.

Foto cortesía de Chris Weitzner

Llega al aeropuerto con tiempo y, antes de entregar a tu perro, hazlo caminar bien y que haga sus necesidades. Evita sobre alimentarlo antes del vuelo. Una vez que esté en el avión, no temas consultar al personal si tu perro hizo bien las conexiones de vuelo.

A veces, hospedarse en un hotel es parte del viaje. La mayoría de los hoteles permiten perros, pero muchos no lo aclaran en sus sitios web. Por eso, si estás pensando hospedarte con tu Pastor Australiano, siempre es mejor llamar al hotel para avisarles que tienes un perro. Algunos lugares cobran tarifas por mascotas, tienen un límite de perros por habitación, asignan habitaciones especiales para huéspedes con mascotas, o incluso te hacen firmar un acuerdo para cubrir posibles daños.

Sé siempre considerado y respetuoso: sigue las políticas del lugar, mantén a tu Aussie tranquilo, con correa cuando sea necesario, y asegúrate de recoger sus desechos. Algunos hoteles han prohibido el ingreso de perros por culpa de personas que no cumplieron con las reglas básicas. Recuerda, ¡es tu responsabilidad cuidar a tu compañero de cuatro patas y que se porte bien!

Foto cortesía de Amanda Glazar

Residencias caninas vs. cuidadores

A veces toca hacer un viaje y no queda otra que dejar a tu Pastor Australiano en casa. En dicho caso, tanto las residencias caninas como los cuidadores de mascotas son buenas opciones para cuidar de tu perro mientras estás fuera. Las residencias caninas poseen un espacio designado a cada perro, y muchas veces ofrecen servicios extra como peluquería canina. Por lo general, cuentan con personal que se encarga de alimentarlos, sacarlos a pasear y mantener todo limpio. Lo bueno es que la mayoría está registrada, asegurada y exige un calendario de vacunación al día, que incluye una vacuna contra la tos de las perreras.

Foto cortesía de Martin Mesto

Por otro lado, están los cuidadores de perros, que pueden ir a tu casa a cuidar a tu Aussie o recibirlo en la suya. En general, tienen solo uno o dos perros a su cargo y pueden ofrecer un trato más personalizado. Un buen cuidador puede ser más difícil de encontrar, pero es una gran opción para algunos perros, especialmente si tu Pastor Australiano se estresa con facilidad en ambientes nuevos.

Ya sea que elijas una residencia o un cuidador, tómate el tiempo para hacer una buena elección. No dudes en entrevistar al encargado o al personal de la residencia que cuidará de tu perro. Pide ver las instalaciones o el área donde se quedará su Pastor Australiano. Fíjate como tratan a otros perros y busca referencias o reseñas online. Si algo no te da buena espina, confía en tu instinto y busca otro lugar. Una buena idea es hacer una visita previa: lleva a tu Pastor Australiano a conocer el lugar o al cuidador antes de dejarlo, para que la transición sea más fácil y menos estresante.

Viajar con tu Aussie y vivir aventuras juntos puede ser una gran experiencia, con muchos recuerdos divertidos para atesorar. Sin embargo, a veces no podemos llevarlo con nosotros, y para esos momentos lo mejor es contar con una persona o equipo de confianza que pueda cuidarlo en nuestra ausencia.

CAPÍTULO 12
Nutrición

"Por lo general, su criador te recomendará la dieta que mejor funciona para sus perros. Escúchalos."

Melonie Eso
WCK Aussies

Una dieta balanceada y completa es la clave para que tu Aussie tenga una buena salud. Existen cientos de marcas de alimentos para mascotas entre las que elegir, así como dietas caseras, dietas crudas, alimentos húmedos o secos y más, puede parecer una tarea abrumadora elegir qué alimento es mejor para tu perro. Este capítulo te ayudará para que puedas decidir cómo alimentar mejor a tu compañero peludo.

*Foto cortesia de
Lauren Dunning*

La importancia de una buena dieta

Los perros son animales muy adaptables, y su dieta ha cambiado drásticamente con el tiempo. Descienden de los lobos, que comían carne cruda y vísceras para satisfacer sus necesidades nutricionales. Pero al domesticarse, se adaptaron a comer lo que el hombre descartaba: desechos de mataderos, comida vieja, cortezas de pan y cualquier cosa que pudieran cazar o buscar por su cuenta. El primer alimento comercial para perros no se inventó hasta 1860, por lo que las croquetas son una adición relativamente nueva a la dieta de los perros. Hoy en día, la mayoría de los alimentos comerciales siguen estándares nutricionales establecidos a partir de estudios y pruebas de alimentación.

Cómo elegir un alimento comercial de calidad

Las croquetas son una opción asequible, conveniente y nutricionalmente completa. Una de las formas más sencillas de determinar la calidad de una marca es observar los ingredientes en el empaque. Cuanto más arriba esté un ingrediente en la lista, mayor es la cantidad que contiene el alimento. Así que, dependiendo de lo que elijas para alimentar a tu perro, ya sea carne, granos o vegetales, asegúrate que ese ingrediente esté entre los primeros de la lista. Evita alimentos que utilicen términos genéricos para proteínas animales, como "grasa animal" y "harina de carne y hueso", ya que esto suele indicar fuentes de origen incierto. Lo mejor es optar por ingredientes específicos, como "pollo" o "harina de pescado".

También hay que prestar atención a una estrategia común llamada "división de ingredientes". A veces, la lista de ingredientes puede tener buenas fuentes de proteínas, pero luego incluye varios tipos de granos o legumbres. Esto puede hacer que la cantidad total de proteína de origen animal sea mucho menor que la suma total de los granos por peso cuando se agrupan.

Otro punto importante: muchos alimentos para perros tienen colorantes que no son ni necesarios ni beneficiosos. Estos aditivos se usan para que la comida luzca más atractiva a los humanos, pero en los perros pueden provocar vómitos y diarrea. Lo mejor es evitar cualquier alimento que los contenga.

Algunas personas prefieren alimentar a sus perros con comida enlatada en lugar de croquetas secas. Estos alimentos contienen más humedad, lo que resulta más apetecible para los perros selectivos. Además, su textura la hace más fácil de masticar para los cachorros y los perros mayores. Como

Foto cortesía de Joanna Feldman

siempre, lee bien la lista de ingredientes para saber qué es lo que realmente está comiendo tu perro.

En cuanto a los alimentos sin granos, aunque se han convertido en una opción popular, la evidencia creciente sugiere que las dietas comerciales sin granos pueden predisponer a los perros a la cardiomiopatía dilatada canina (DCM, por sus siglas en ingles). Aún se está investigando el tema, pero muchos veterinarios recomiendan evitar este tipo de dietas, a menos que sea estrictamente necesario por razones de salud. Si tu Aussie necesita en una dieta sin granos por a alergias o intolerancias, es recomendable realizar un seguimiento veterinario y controlar síntomas de DCM, incluyendo letargo, pérdida de peso, tos y más.

Dietas caseras

Aunque la mayoría de los dueños de perros alimentan a sus mascotas con croquetas comerciales, las dietas caseras y crudas están ganando popularidad. Estas dietas requieren más tiempo de preparación y pueden ser más costosas en algunos casos, pero muchos perros con alergias alimentarias se benefician al consumir alimentos preparados en casa. En estos casos, las vitaminas, minerales, grasas y aminoácidos están presentes en forma más fresca que en muchas croquetas comerciales. Sin embargo, es fundamental asegurarte de que la dieta sea completa. No basta con dar carne muscular: los perros necesitan también calcio y otros minerales de los huesos, vitaminas de las vísceras y pequeñas cantidades de frutas o verduras, entre otros. Por lo general, las deficiencias pueden tardar en manifestarse y ser difíciles de detectar al principio. Por lo tanto, ¡asegúrate de proporcionarle una dieta equilibrada y variada a lo largo del tiempo! Siempre consulta con tu veterinario antes de hacer nuevos cambios en la alimentación.

Las dietas crudas son un tema controversial. Muchas personas creen que son tan peligrosa para los perros como para las humanas, pero esto no es necesariamente cierto. Los perros tienen sistemas inmunológicos e intestinales muy fuertes, capaces de digerir huesos crudos sin problema y de procesar alimentos crudos con un riesgo muy bajo de desarrollar. No obstante, hay perros que tiene dificultades para digerir alimentos crudos o que padecen enfermedades que debilitan su sistema inmunológico. Para ello, es mejor optar por comidas cocidas suavemente y usar una fuente alternativa de calcio, ya que los huesos cocidos pueden ser peligrosos.

Al preparar dietas crudas, es útil calcular las cantidades según el peso del perro. Los adultos en promedio necesitan consumir entre un 2% y un 3% de su peso corporal por día, y los cachorros necesitan aproximadamente el 5%. Para asegurarte de que las comidas de tu perro estén equilibradas, puedes seguir esta proporción como guía general:

- 80% carne muscular (huevos y órganos musculares como corazón, pulmones y molleja)
- 10% hueso
- 5% hígado
- 5% otros órganos secretores (riñones, páncreas, testículos y cerebro)

La carne muscular incluye no solo elementos como pechuga de pollo, carne molida, pescado y asados, sino también huevos y órganos musculares como corazón, pulmones y mollejas de aves. Evita cortes de carne demasiado grasos, ya que pueden causar malestar estomacal.

Los huesos carnosos crudos son esenciales para una dieta saludable y ayudan a mantener los dientes limpios. Sin embargo, al calcular las proporciones, recuerda contar la carne muscular adherida a los huesos como parte del porcentaje de carne. Por ejemplo: las proporciones de carne a hueso para las carcasas de aves de corral son por lo general 30% de hueso para piernas y muslos, y aproximadamente 50% para alas, espaldas, cuellos y patas. Las costillas de res son 50% mientras que las costillas de cordero y cerdo son 30%. Si eliges cocinar los alimentos y no usar huesos crudos, puedes reemplazar el calcio con harina de hueso o cáscara de huevo finamente molida. Una medida estándar es media cucharadita de cáscara de huevo o una cucharadita de harina de hueso por cada 450 gramos de comida.

Las vísceras son otro componente clave. Los órganos secretores como hígado, riñones, cerebro, páncreas y testículos proporcionan varias vitaminas y minerales que los huesos y las carnes musculares no contienen. El hígado siempre debe representar la mitad del peso total de los órganos ofrecidos.

Foto cortesía de
Michelle Mazor

También se puede incluir entre un 5% y un 10% de verduras, frutas y hierbas frescas. Los lobos y otros cánidos salvajes suelen comer el contenido intestinal de sus presas y se sabe que son carroñeros oportunistas de diversos vegetales y frutas. Otras buenas opciones son: vegetales verdes, bayas, raíces y calabazas ricas en vitaminas, minerales y enzimas, las cuales son seguras y apropiadas. Es preferible triturarlas para ayudar a su digestión. La mayoría de los perros no necesitan granos, pero si decides incluirlos, elige granos de buena calidad como arroz o cebada, bien cocidos, en pequeñas cantidades, y nunca más del 10% del peso de la comida. Las dietas caseras crudas no suelen estar relacionadas con casos de DCM, quizás por su alto contenido de carne fresca, que contribuye a la salud cardiovascular.

Los beneficios de las dietas caseras incluyen dientes más limpios, aliento más fresco, mejor control de peso y menor volumen de excremento, ya que no contienen tantos ingredientes de relleno indigeribles que aumentan el volumen de las heces. ¡Muchos perros gozan de buena salud con una dieta casera bien equilibrada, siempre que se mantenga una buena variedad de alimentos a lo largo del tiempo! Recuerda consultar a tu veterinario antes de implementar cualquier cambio en la dieta de tu Aussie.

Suplementos

Si bien los suplementos pueden ser beneficiosos, recuerda que en exceso pueden ser perjudiciales para la salud de tu perro. En el caso de los perros que consumen alimentos comerciales, no es necesario añadir suplementos completos, ya que estas dietas contienen todos los nutrientes que tu perro requiere. Sin embargo, los suplementos pueden usarse para aquellos perros con dietas caseras para cubrir todas las necesidades nutricionales. Los suplementos que suelen ser seguros y beneficiosos incluyen aceites de pescado para la salud de la piel y el pelaje, y probióticos para la salud intestinal. En cualquier caso, siempre consulta con tu veterinario antes de incluir cualquier suplemento en la dieta de tu Pastor Australiano.

Premios y comida humana

Al igual que el postre para los humanos, los premios deben ofrecerse con moderación. Si se administran en exceso, pueden desequilibrar la dieta de tu Aussie, así como causarle obesidad. Son útiles como refuerzo positivo durante el entrenamiento, pero deben usarse con criterio. Se recomienda optar por premios de buena calidad, sin colorantes ni aditivos como el

Foto cortesía de
Tania Gomez Ayala

propilenglicol. En muchos casos, una simple croqueta puede ser igual de motivadora para tu Pastor Australiano.

Evita alimentar a tu Aussie con comida humana. Esto también puede causar trastornos dietéticos y obesidad. Si bien un poco de queso o un bocado de carne está bien de vez en cuando, acostumbrarlo a recibir las sobras de la mesa puede ser perjudicial. Los perros requieren una rutina digestiva, y los cambios bruscos en la alimentación pueden provocarles problemas muy graves. Además, algunos alimentos que son seguros para los humanos son tóxicos para los perros. Estos incluyen:

- **Chocolate**

 El cacao contiene un alcaloide amargo llamado teobromina. Los perros tienen dificultades para procesar este compuesto, lo que permite que se acumule a niveles tóxicos en sus cuerpos.

- **Cebollas y ajo**

 Estas verduras de raíz contienen compuestos que pueden dañar a los glóbulos rojos.

- **Aguacates**

 Esta fruta puede causar vómitos y diarrea.

- **Uvas y pasas**

 Estas frutas contienen toxinas que pueden causar daño renal severo.

- **Levadura fresca y masa cruda de pan**

 La masa de pan y la levadura fresca pueden causar hinchazón y diarrea.

- **Corazones de frutas**

 Los corazones o carozos de las frutas pueden causar obstrucciones intestinales, y muchos de estos, así como las semillas de manzana, contienen cianuro que puede causar envenenamiento grave.

- **Cafeína y alcohol**

  Los perros son más sensibles a los efectos de la cafeína y el alcohol. Estos pueden causar alteraciones graves del sistema nervioso, generando convulsiones y comas.

- **Grandes cantidades de alimentos grasos (como leche, queso o tocino)**

  Los alimentos grasos pueden causar inflamación del páncreas, lo cual es potencialmente mortal.

Control de peso

Muchas personas piensan que son cariñosas al permitir que sus perros coman todo lo que quieran, pero esta práctica puede llevar rápidamente a la obesidad. En el caso del Pastor Australiano, el sobrepeso incrementa el riesgo de padecer enfermedades cardíacas, problemas articulares, diabetes, entre muchas otras afecciones. El sobrepeso puede disminuir significativamente la esperanza de vida de un perro y reducir su calidad vida. Además, sobrealimentar dificulta detectar problemas de salud, ya que una disminución del apetito suele ser uno de los primeros signos de enfermedad. Si una o varias personas rellenan el plato de comida sin control, puede volverse difícil saber cuánto está comiendo el perro realmente. Ante una emergencia, una de las primeras preguntas que te hará tu veterinario será "¿cómo está su apetito? ¿Cuándo fue la última vez que comió?". Los perros adultos deben comer una cantidad adecuada dos veces al día, no más.

Un Pastor Australiano con un peso ideal debe tener una cintura levemente marcada cuando se lo observa desde arriba, y una forma abdominal ascendente desde el pecho hacia el vientre. Al palpar su caja torácica, debe poder sentir las costillas con una ligera presión, cubiertas por una capa delgada de grasa. Si no puede sentir las costillas de su perro, tiene sobrepeso. Si las siente con facilidad o están muy marcadas, puede estar demasiado delgado. Se recomienda evaluar con regularidad la condición corporal de tu Aussie y ajustar las porciones de comidas.

En definitiva, comprender y aplicar los principios de una dieta saludable es esencial para asegurar una vida larga y plena para tu Pastor Australiano. Ya sea que elija croquetas comerciales o una comida casera, la clave está en calidad.

CAPÍTULO 13
Acicalamiento de tu Pastor Australiano

"Con una dieta equilibrada, la muda de pelo ocurre típicamente dos veces al año. También depende del clima donde vivas. Habrá mechones de pelo flotando por su casa y pelo de perro en tu ropa. ¡Acostúmbrate! Cuanto más cepilles a tu Aussie, menos te molestará el tema del pelo".

Melonie Eso
WCK Aussies

Foto cortesía de Katherine Frantz

Aunque los Pastores Australianos mudan pelo, su manto fue criado para ser resistente al clima y fácil de mantener. ¡Con un cuidado apropiado y regular, acicalar a tu Aussie puede ser algo rápido y hasta divertido!

Conceptos básicos del cuidado del manto

Los buenos hábitos de cuidado del manto comienzan con un buen adiestramiento. Desde temprana edad, los cachorros deben comenzar a aprender a tolerar el cepillado suave, el corte de uñas y a permitir que se manipulen sus orejas, boca y patas. Hazlo en sesiones cortas y divertidas, recompensando con elogios cuando se deje levantar una pata o una oreja para revisarla. Si tu perro se resiste al acicalamiento, mantenerlo bien cuidado se vuelve complicado, y eso puede afectar su salud y comodidad.

Otro secreto para un manto fácil de mantener es una excelente dieta. Asegúrate de que las croquetas o la dieta casera sean de buena calidad y estén bien equilibradas a nivel nutricional. Revisa la piel de tu Aussie cada semana. ¿Se ve sana y sin olor fuerte? ¿O está seca, escamosa, inflamada o tiene un olor dulzón raro? Si la piel está seca, muchas veces puede remediarse añadiendo una pequeña cantidad de aceite de salmón de calidad a su comida. Eso sí, este es un suplemento alto en calorías, así que consulta con tu veterinario y monitorea el peso corporal. Si la piel huele mal, tiene zonas con pérdida de pelo o se ve poco saludable, puede tratarse de alergias, infecciones por hongos o problemas de tiroides, entre otros. En estos casos, lo mejor es consultar con un veterinario cuanto antes.

Algo muy importante: Nunca, jamás le rapes el manto a tu Aussie con una máquina de cortar pelo. No solo evitarás la muda, sino que puede hacer más daño que bien. Afeitar razas de doble capa puede dañar de manera permanente el manto, haciendo que crezca de fino, irregular o incluso de un color diferente. A veces, también puede irritar la piel, causando erupciones que pueden llevar a infecciones cutáneas. La mejor forma de ayudar a tu Aussie a verse bien y sentirse cómodo es mantener su manto natural y cuidarlo con las técnicas que vamos a detallar en este capítulo.

Foto cortesía de Joshua Martin

Baño y secado

"Necesitan acicalamiento frecuente. Como raza de doble capa, necesitan ser bien cepillados. También les recorto las patas, los faldones, las orejas y parte trasera. Los míos adoran que los seque con secador, y para ellos el cepillado es un mimo".

Joan Fry
Bella Loma Kennels

Bañar y cepillar a tu Aussie de forma regular ayuda mucho a reducir el pelo suelto en casa y a controlar la muda. Además, mantiene su piel sana, te permitirá detectar cualquier problema a tiempo, y, lo mejor, ¡puede ser un momento para reforzar el vínculo entre ustedes!

En general, bañarlo una vez cada 8 a 12 semanas es suficiente. Cuanto más lo bañes, más importante es elegir un champú de buena calidad que nutra la piel. A menudo, los que usan los peluqueros caninos profesionales tienden a ser de mejor calidad que los que se venden en los supermercados. Los champús concentrados que se diluyen también rinden más que los que vienen listos para usar.. Si tu Aussie tiene alergias o piel sensible, busca uno hipoalergénico con avena.

Antes de meterlo en la bañera, prueba la temperatura del agua. ¡Muy importante! Si está demasiado caliente, puedes quemarlo sin querer. El agua tibia ayuda a liberar el pelo que se está cayendo, mientras que el agua fría lo retiene. Ten toallas a mano, y, si puedes, una alfombra antideslizante para que no se resbale. Si tienes una ducha de mano desmontable, te facilitará mucho el trabajo. Si no, un jarrito o recipiente sirve. Moja por completo el manto de arriba hacia abajo. Añade una cantidad generosa de champú, masajea bien y haz bastante espuma, añade más agua si es necesario. ¡Ten cuidado de que no entre jabón o agua en las orejas u ojos! Al enjuagar, comienza nuevamente desde arriba hacia abajo, asegurándote de que no queden restos de jabón. Cuando hayas enjuagado todo el cuerpo, enjuaga una vez más. Pasa la mano por el cuerpo para chequear que no queden zonas jabonosas, cualquier champú que accidentalmente quede en el manto puede causar irritación intensa en la piel y hacer que se rasque. La mayoría de los Aussies no necesitan un acondicionador si su piel está sana y se utiliza un champú de buena calidad. De hecho, muchos acondicionadores caninos apelmazan el pelo, y lo dejan con sensación grasosa o pegajosa, y tardan más en secarse.

Foto cortesía de Megan Rogers

Después del baño, deja que tu Aussie se sacuda bien para eliminar el exceso de agua. Al secarlo con toalla, no frotes con fuerza, en especial en las zonas con pelo largo, porque puedes generar enredos. Mejor presiona suavemente el pelo con la toalla para absorber el agua. Después de secarlo con toalla, puedes dejar que se seque al aire o ponerlo en su jaula con un ventilador apuntando hacia él. Sin embargo, una de las mejores formas de controlar la muda es usar un secador de fuerza (los que usan los peluqueros caninos). Estos secadores de alta potencia son eliminan el agua y el pelo muerto del manto mucho mejor que los convencionales. Los que se venden para uso doméstico suelen tener una potencia entre 1HP y 4HP. Cuando vayas a usar uno por primera vez, comienza despacio para que tu Aussie se acostumbre al ruido. Asegúralo a una mesa de acicalamiento. Si es un secador de múltiples velocidades, comienza por la más baja. Sujeta al perro con un brazo pasando por debajo de su cuerpo, y con el otro usa el secador, empezando por la parte trasera (corvejones o muslos) y avanzando hacia adelante. Premia con elogios, caricias o golosinas si se porta bien, así le resulta más fácil. Siempre termina con una nota positiva: si se asusta o se resiste, retrocede un poco hasta que se calme y luego termina la sesión allí. Los Aussies son súper inteligentes y pronto entenderán que, aunque el secador es ruidoso y extraño, no hace daño. Un último consejo: nunca dirijas el secador directo a su cara u orejas. Para esas zonas lo mejor es usar un secador común en modo frío, o dejarlas secar al aire libre.

Cepillado y arreglo del manto

El cepillado es la parte más importante del acicalamiento de tu Aussie. El cepillado semanal controla la muda y ayuda a mantener la piel saludable al liberar los aceites naturales que produce y a aumentar la circulación sanguínea. ¡Elegir las herramientas correctas es igual de importarte! Por lo general, con un cepillo de púas y un rastrillo para subcapa tienes todo lo que necesitas. El de púas funciona mejor para el mantenimiento regular del manto, mientras que el rastrillo ayuda a eliminar la subcapa muerta durante los períodos de muda intensa. Cuando cepilles, asegúrate de llegar hasta la piel, usando una técnica que se llama cepillado en línea.

Comienza en la zona cerca del codo. Usando el dorso de tu mano, levante el manto para exponer la piel. Comienza en esta línea y cepille hacia abajo, siguiendo la dirección del pelo. Avanza de izquierda a derecha, levantando cada sección de pelo a medida que subes por el cuerpo. Repite este proceso hasta llegar a l parte superior del torso y al cuello, y después haz lo mismo del otro lado. Esta técnica asegura que cepilles en profundidad y remuevas bien el pelo muerto.

El manto del Aussie necesita poco arreglo adicional, pero muchps dueños prefieren recortar un poco, sobre todo si se trata de un perro de exposición o si quieres mantenerlo prolijo. Para esto, lo ideal es contar con unas tijeras rectas especiales para acicalado canino y, si quieres un acabado más natural, unas buenas tijeras de entresacar. Las zonas más comunes para recortar son los pies y los corvejones.

Para los pies, levanta la pata de tu Aussie y examina la parte de abajo. con las tijeras rectas, recorta el pelo que sobresalga para que quede al ras con las almohadillas de las patas. Recorta el pelo alrededor de los bordes del pie, redondeándolo. A continuación, usa el cepillo de púas para cepillar suavemente hacia atrás desde las puntas de los dedos hacia la pierna, y recorte cualquier mechón largo que sobresalga. Para los corvejones, cepilla el pelo hacia atrás y recorta tan corto como desees.

Algunos también eligen recortar zonas como los muslos, los flecos de las patas delanteras, la línea inferior (parte baja de la caja torácica), la gorguera (pelo tipo melena en la parte delantera del cuello) y la parte superior de las orejas. Si bien esto se puede lograr con tijeras rectas, el resultado muchas veces no es parejo. Las tijeras de entresacar te ayudan a lograr un acabado mucho más natural, aunque lleva más tiempo ya que cortan menos pelo por pasada. Solo tienes que esponjar bien el pelo con el cepillo y recortar al largo que más te guste.

Recorte de uñas

Mantener las uñas de tu Aussie cortas es esencial para su comodidad y bienestar. Las uñas largas pueden causar dolor en los dedos, pies y metacarpos, y son propensas a romperse o incluso a desprenderse por completo. Aunque a muchos les intimida esta tarea, ¡no tiene por qué ser complicada! Lo primero es que tu perro esté acostumbrado a que le toquen las patas. Tómate el tiempo para hacerlo una experiencia positiva: acaricia sus patas, mueve sus dedos con suavidad y premia su buen comportamiento.

Para recortar las uñas, usa cortaúñas específicos para perros. Si tu Aussie todavía es cachorro, puedes usar uno para humanos durante por un tiempo. Las uñas de los perros tienen en el centro una parte con vasos sanguíneos llamada matriz ungueal, y tiene terminaciones nerviosas que son sensibles cuando se cortan. Por eso, lo ideal es cortar solo un poquito a la vez. Sostén la pata hacia adelante y corta cada uña justo donde comienza a curvarse cerca de la punta. Si las uñas son rosadas, muchas veces puedes ver la matriz ungueal con buena luz. Las matrices ungueales también pueden alargarse o retroceder dentro de la uña. Por lo tanto, cuanto más seguido cortes las uñas, más se irá retrayendo la matriz, y así podrás mantenerlas más cortas sin riesgo.

Muchos prefieren limar las uñas de sus mascotas, ya que es más difícil pasarse y causar sangrado. Una lima de uñas también puede ayudar a obtener uñas más cortas que los cortaúñas tradicionales y ayuda a que la matriz ungueal retroceda más rápido si ha crecido. Elige una lima eléctrica para mascotas. Antes de usarla, asegúrate de que tu Aussie no pueda moverse demasiado. La correa debe estar justa, sin apretar, solo lo suficiente para que no acerque la nariz a la lima. Y si tu perro tiene mucho pelo entre los dedos, mejor recortarlo antes para que no se enrede.

Sostén la pata hacia adelante, enciende la lima y deja que tu perro se acostumbre al sonido. Elógialo por mantenerse tranquilo. Retira cualquier pelo suelto con los dedos, sujeta el dedo suave pero con firmeza, y aplica la lima durante unos segundos en la punta de la uña. Redondea los bordes con paciencia. Si comienzas a ver un puntito o tono rosado, ¡es momento de parar!

Lo idea es recortar o limar las uñas cada semana. Así se mantienen cómodas y la matriz ungueal se mantiene bien corta. Si no te sientes seguro haciéndolo, no pasa nada; puedes llevar a tu Aussie con el veterinario o un peluquero canino profesional para que lo hagan por ti de forma regular.

Limpieza de orejas, ojos y dientes

Tu Aussie no solo necesita cuidados del manto y las uñas, sino es clave prestarle atención a los ojos, las orejas y los dientes para mantenerlo sano. Las orejas de tu perro pueden ser propensas a infecciones por hongos, bacterias o cuerpos extraños. Por eso, examínalas una vez por semana y fíjate en su apariencia y olor. Si ves que están rojas, calientes, húmedas, con mucha cera o con mal olor, lo mejor es que lo revise un veterinario. No uses limpiadores de oídos comerciales a menos que te los indique tu veterinario. Algunos pueden irritar el canal auditivo y hacer que tu perro sea más propenso a infecciones. Para una limpieza básica, usa un paño suave humedecido con agua tibia y pásalo suavemente por la parte visible del oído. No metas nunca nada dentro del canal, incluidos los bastoncillos de algodón.

Es normal que tu Aussie tenga algo de secreción ligera y seca en la esquina interior de sus ojos. Para limpiarlos, usa un paño húmedo, y pásalo con suavidad. Si notas cualquier enrojecimiento, lagrimeo excesivo, secreción espesa o nubosidad en los ojos, es importante que lo revise un veterinario.

Mantener los dientes de su Aussie limpios es muy importante para su salud. No solo evita el mal aliento, también previene enfermedades cardíacas, renales, hepáticas y fracturas de mandíbula. Desde cachorro acostúmbralo a que te permita tocarle su boca. Levanta sus labios suavemente para examinar los dientes, elogiándolo con calma cuando coopere. Observa cualquier acumulación de placa, o dientes rotos o faltantes. Si ves algo raro, lo ideal es consultar al veterinario para evitar que empeore.

Para prevenir la acumulación de placa, cepíllale los dientes dos o tres veces por semana. Para hacerlo, elige una pasta de dientes especial para perros, ya que la que usamos nosotros puede ser tóxica para ellos. Puedes elegir un cepillo especial tipo dedal o uno de mango largo, lo que te resulte más cómodo. Asegura a tu Aussie en una mesa o en una habitación tranquila. Aplica una pequeña cantidad de pasta en el cepillo, levanta el labio y cepilla con movimientos circulares suaves, especialmente los molares traseros. Si se pone nervioso, hazlo en sesiones cortas y repetidas, siempre con caricias o juegos como recompensa.

Una buena forma de complementar el cepillado es dándole algo para masticar. Una vez por semana, puedes ofrecerle un hueso de fémur de res crudo o un cuello de pavo crudo congelado. El deseo instintivo de tu Aussie de masticar raspará la placa de sus dientes de forma natural y mantendrá sus mandíbulas fuertes. Solo usa huesos crudos y frescos, nunca cocidos o ahumados, ya que estos son indigeribles y propensos a astillarse.

¿Cuándo es necesaria la ayuda profesional?

Si sientes que el acicalamiento completo y el cuidado del manto se te está haciendo cuesta arriba, o simplemente te abruma cuando llega la temporada de muda intensa, puedes recurrir a un peluquero canino profesional. Hoy en día, hay muchas opciones en la mayoría de las cuidades, pero elegir bien es fundamental. No todos los peluqueros tienen experiencia real con perros de raza pastora como el Aussie, y en muchos países ni siquiera se exige licencia o capacitación profesional. Así que cuidado, ¡la opción más económica no siempre es la mejor!

Primero, habla con tu veterinario o con otros dueños de perros para ver a quién recomiendan. Revisa las reseñas en Internet y en redes sociales: si la mayoría son positivas, es una buena señal. Cuando hayas seleccionado uno o dos candidatos, contáctalos y pide una visita previa. Aprovecha para preguntar sobre sus precios, políticas, años de experiencia y cualquier capacitación o calificación que puedan tener. Cuando visite las instalaciones, fíjate bien en el ambiente. ¿Es tranquilo y organizado? ¿El personal actúa con seguridad y calma? Muchas mascotas se estresan y son menos cooperativas cuando sus dueños están cerca, así que no te sorprendas si no se te permite estar presente durante el acicalamiento. A veces, pueden permitirte observar cómo trabajan con otro perro para que veas cómo manejan todo.

Recuerda que no es responsabilidad del peluquero enseñar a tu perro a dejarse tocar las patas, el hocico o el cuerpo. Ese trabajo comienza en casa, desde cachorro. Si tu Aussie tiene problemas para tolerar el acicalamiento o se estresa mucho, te conviene contactar a un adiestrador profesional o un especialista en comportamiento canino certificado antes de llevar o a la peluquería. Si necesita un corte urgente pero no se deja manipular, explícale la situación al peluquero con anticipación y pregúntale si estaría dispuesto a tomar el trabajo. Algunos pueden estar dispuestos a trabajar poco a poco, en sesiones más cortas, para que sea una experiencia más llevadera. Eso sí, es probable que cueste más por el tiempo y esfuerzo extra.

Si cepillas bien a tu Aussie una vez por semana, lo más probable es que solo necesite un acicalamiento profesional una vez cada 3 a 6 meses. Pero si no lo cepillas tan seguido, entonces te conviene llevarlo cada 4 a 8 semanas.

Mantener a tu Aussie limpio, con el manto sano, los ojos brillantes y las orejas erguidas es parte de su bienestar. El acicalamiento regular no solo lo hace ver espectacular, también ayuda a detectar muchas dolencias o problemas de salud. Ya sea que lo hagas tú en casa, o que lo lleves con un profesional, ¡es un momento ideal para fortalecer el vínculo entre los dos!

CAPÍTULO 14

Cuidados de salud del Pastor Australiano

"El Pastor Australiano es propenso a cataratas, enfermedad ocular del collie, sensibilidad a múltiples fármacos (MDR1), displasia de cadera y codo, epilepsia y cáncer. Un buen criador realiza pruebas de salud para detectar enfermedades y conoce los antecedentes genéticos de sus líneas."

Francine Guerra
Alias Aussies

Tomarse el tiempo para aprender a cuidar de la salud y el bienestar de tu Aussie es una gran responsabilidad. La atención sanitaria canina es un tema amplio y en constante evolución, y depende de ti educarte para tomar las mejores decisiones para tu perro.

Visitas al veterinario

Así como vas al médico para un chequeo anual, tu Aussie también debe hacerlo. Las visitas regulares al veterinario pueden detectar muchas enfermedades en sus etapas iniciales, cuando son más fáciles de tratar. Tu veterinario revisará las orejas, ojos, boca, abdomen y genitales, además tomará su temperatura y escuchará su corazón. También es posible que te pidan llevar una muestra de heces para verificar la presencia de parásitos intestinales y tomar una muestra de sangre para comprobar si hay gusanos del corazón y enfermedades transmitidas por garrapatas. Según las recomendaciones de tu veterinario, los perros adultos o con problemas de salud crónicos pueden necesitar con frecuencia diversos análisis de sangre y otras pruebas.

Parásitos internos y externos

Los parásitos externos como pulgas y garrapatas no solo son molestos, sino que pueden causar enfermedades graves. Las garrapatas pueden transmitir: la enfermedad de Lyme, Ehrlichiosis, Anaplasmosis, Fiebre Manchada de las Montañas Rocosas, Babesiosis y Bartonelosis. Estas enfermedades requieren un diagnóstico temprano y antibióticos de amplio espectro. Si tu perro pasa tiempo en bosques, matorrales o campos, realiza una prueba de enfermedades transmitidas por garrapatas deben realizarse al menos una vez al año.

Las pulgas, por su parte, son un problema que puede salirse de control si no se controla. Sus picaduras producen una intensa comezón, y muchos perros pueden desarrollar una reacción alérgica aguda. Las pulgas y garrapatas se controlan fácilmente utilizando un pesticida sintético tópico u oral, como Fipronil, Imidacloprid, Permetrina, Lufenurón, Spinosad y Nitenpyram. Ten en cuenta que la Permetrina es tóxica para los gatos y cancerígena para los humanos, así que mejor considera otros tratamientos. Algunos medicamentos orales se utilizan en simultáneo con los que se usan para

Foto cortesía de Courtney Baney

tratar parásitos internos; sin embargo, se aconseja precaución ya que las reacciones a los fármacos son más frecuentes cuando se administran todos a la vez. Aunque la mayoría de estos medicamentos son seguros, algunos perros son más sensibles que otros.

Entre los parásitos más comunes que afectan el sistema digestivo están los gusanos intestinales (anquilostomas, ascárides, tenias y tricocéfalos) y los protozoos (coccidios y giardia). Los parásitos intestinales suelen contagiarse al ingerir huevos o larvas presentes en tierra, agua o al cazar roedores. Por otro lado, el gusano del corazón, entra en el torrente sanguíneo a través de la picadura de un mosquito y afecta directamente el corazón.

Los síntomas de parásitos internos incluyen: diarrea, vómitos, pérdida de peso, pelaje opaco, baja energía y tos, entre otros. Estos síntomas requieren un chequeo por un veterinario, quien examinará las heces o la sangre del perro en busca de signos de parásitos. Hay una gran variedad de medicamentos para tratar parásitos, varios de venta libre. Sin embargo, no todos funcionan contra todos los parásitos, y algunos ya han desarrollado resistencia a ciertos fármacos. Los más comunes son: ivermectina, fenbendazol, praziquantel, aunque la coccidia requiere un tipo diferente de medicamento como la Sulfadimetoxina. Siempre que tu perro haya sido tratado por parásitos internos, tu veterinario debe realizar un seguimiento mediante muestras de heces, y así poder confirmar que el tratamiento fue exitoso.

El gusano del corazón es muy peligroso ya que es muy difícil de tratar en sus etapas avanzadas y puede ser mortal. Los veterinarios por lo general recomiendan un medicamento mensual como prevención. Habla con tu veterinario para determinar el producto adecuado para tu Aussie, y asegúrate de administrarlo correctamente.

Vacunaciones

Aunque hay muchas vacunas disponibles para prevenir enfermedades en los perros, ¡no todos necesitan todas! Las vacunas más importantes, llamadas esenciales, son las que protegen contra: el parvovirus, el moquillo y la rabia. La vacuna contra el adenovirus canino también se consideraba esencial en años anteriores; sin embargo, esta enfermedad se ha vuelto muy poco común, sobre todo en países donde la vacunación está muy extendida. Luego están las vacunas no esenciales, que solo se administran si tu perro tiene un riesgo elevado según el estilo de vida o entorno. Estas incluyen: Parainfluenza, Influenza Canina H3N8, Coronavirus, Bordetella (tos de las perreras), Leptospirosis y enfermedad de Lyme.

La mayoría se administran en una dosis combinada para abarcar varias enfermedades a la vez. Aquellas vacunas que tienen una mayor tendencia a causar reacciones – específicamente, contra la Rabia y la Leptospirosis – deben aplicarse por separado, y no antes de las 16 semanas en cachorros.

Los calendarios de vacunación son más fáciles de entender cuando comprende cómo y por qué funcionan las vacunas. Las vacunas "entrenan" al sistema inmune para que reconozca ciertos virus o bacterias sin causar la enfermedad. Lo hacen con una version inactiva o debilitada del patógeno, que es suficiente para generar una respuesta inmune protectora. Para perros mayores de 16 semanas que nunca fueron vacunados, se recomienda aplicar dos dosis con 3 a 4 semanas de diferencia para asegurar que el cuerpo genere la inmunidad deseada. Según estudios recientes, las vacunas esenciales, administradas correctamente, pueden proteger hasta 7 a 9 años. Por eso, hoy se recomienda revacunarlos cada 3 años, excepto en lugares donde la ley exija aplicar la vacuna contra la rabia anualmente.

El sistema inmunológico de los cachorros es un poco más complicado. Los recién nacidos reciben anticuerpos de su madre que los protegerán durante al menos 5 a 6 semanas. Luego, los anticuerpos maternos comienzan a disminuir. Si vacuna a un cachorro que todavía tiene anticuerpos maternos, éstos interferirán con la eficacia de la vacuna e impedirán que el cachorro desarrole su propia respuesta inmune. Por eso, las vacunas para cachorros se administran en varias dosis entre las 8 y 16 semanas. El objetivo es "capturar" el momento justo en el que los anticuerpos maternos todavía proporcionan cierta protección pero son lo suficientemente bajos como para permitir que la vacuna surta efecto. Retrasar mucho la vacunación de tu Aussie puede ponerlo en riesgo, mientras que vacunar muy pronto es un desperdicio y estresa su sistema inmunológico. Para la may-

Foto cortesía de
Jordan Kuhl

oría, las vacunas esenciales administradas a las 8, 12 y 16 semanas de edad los otorgarán la protegerán adecuada.

Las vacunas siempre deben ser administradas por un veterinario. Aunque las reacciones adversas son muy raras, pueden ocurrir, y si tu perro tuviera una reacción anafiláctica (una alergia grave) justo después de vacunarse, el veterinario tiene epinefrina lista para actuar de inmediato.

Además, los fabricantes de vacunas solo cubrirán la atención médica en caso de que su perro contraiga una enfermedad contra la que fue vacunado por un veterinario con licencia.

Alternativas holísticas

Cada vez más personas desconfían de la medicina tradicional y buscan una alternativa natural de vivir, tanto para ellos mismos como para sus mascotas. Existen muchas opciones holísticas para controlar los parásitos y reducir el riesgo de enfermedades.

Para controlar pulgas y garrapatas, asegúrate de que tu Aussie reciba una dieta equilibrada y de calidad, y mantenga su piel y su pelaje saludable. De esta manera, es menos atractivo para las pulgas, y gracias a un aseo frecuente podrá detectar a tiempo una infestación o una garrapata escondida. Siempre que regreses de una salida donde haya hierba alta o matorrales, peina cuidadosamente a tu perro para asegurarte que no se le hay pegado ninguna. Las orejas, la cara, los hombros y el cuello son puntos comunes donde se agarran, pero pueden aparecer en cualquier lugar, ¡incluso entre los dedos!

Pasa la aspiradora de manera regular, debajo de los muebles y en áreas donde suele descansar tu Aussie. Es muy efectiva para eliminar todos los ciclos de vida de la pulga. Si llegas a ver alguna, puedes aplicar tierra de diatomeas o un polvo herbario especial antipulgas en las alfombras. También lava a máquina y seca la ropa de cama de tu Aussie con agua caliente, eso mata cualquier pulga que esté allí. Para infestaciones leves, puedes bañarlo con un champú con aceite de neem y enjuagarlo con vinagre. Comienza mojando y aplicando jabón solo en la cabeza y las orejas, luego alrededor de la base de la cola antes de aplicarlo en otros lugares. Así evitas que las pulgas se le suban a la cara intentando escapar. Repite los baños una o dos veces por semana hasta que el problema desaparezca. Para infestaciones más severas, puede aplicar polvo de Piretrina al 1% en su pelaje cada pocos días. Esta sustancia, que se extrae de flores de crisantemo, es muy tóxica para las pulgas, pero segura para los perros. Aplícala en un lugar bien ventilado y evita el contacto con ojos y boca.

También puedes usar aceites esenciales como repelente natural de parásitos externos. Una mezcla de eucalipto, hierba de limón, citronela, limón, geranio y madera de cedro funciona bien. Diluye unas 5 gotas de cada uno en 120 ml de agua destilada, agita bien y rocía ligeramente el pelaje de tu Aussie antes de paseos o caminatas.

En cuanto a los parásitos internos, son un poco más difíciles de tratar con métodos naturales. Lo más importante es recoger las heces de inmediato y desecharlas en la basura, y no dejar que tu perro ande suelto por lugares donde podría encontrarse con restos de animales. Algunos prefieren desparasitar todos los meses, pero no es necesario si los exámenes de materia fecal salen limpios y tu perro no muestra síntomas. Aunque se suele decir que la tierra de diatomeas sirve contra parásitos internos, varios estudios han demostrado que no es efectiva. Hay algunas mezclas herbales que podrían funcionar como prevención, siempre que se usen de forma regular.

La vacunación a menudo se considera la antítesis de un enfoque holístico, pero en realidad la vacunación puede ir de la mano con una mentalidad holística. Una alternativa a los revacunaciones frecuentes es hacer un análisis de títulos. Esto sirve para medir la respuesta inmune de tu perro a varias enfermedades. Se puede realizar cada uno a tres años para saber si necesita o no una vacuna nueva.

La quiropraxia también se ha usado en perros, sobre todo para los que se están recuperando de una lesión. Aunque todavía no hay muchos estudios sobre su efectividad, a algunos les ha dado buenos resultados. Lo ideal es que lo haga un veterinario con formación específica en quiropraxia animal.

Los remedios homeopáticos y a base de hierbas se han utilizado durante siglos para prevenir y tratar muchas enfermedades y trastornos. Si bien algunos pueden ser efectivos, otros pueden no ser más que un placebo. Si estás considerando terapias alternativas para tu Aussie, asegúrate de consultar con un veterinario homeópata o herbolario para decidir qué remedios funcionarán mejor.

Esterilización y castración de su perro

La esterilización reproductiva es la forma más común de evitar las camadas no deseadas y ayudar a prevenir varios problemas de salud. Para muchos, la esterilización y castración es una elección responsable. Sin embargo, se debe pensar en cuál es el mejor momento para realizar el procedimiento. Los estudios han demostrado que la esterilización antes de la madurez sexual, puede aumentar el riesgo de displasia de cadera, desgarros del ligamento cruzado y linfoma. Por otro lado, retrasarlo demasiado puede aumentar el riesgo de cáncer de mama en las hembras y problemas de próstata en los machos. El momento ideal sería entre los 14 y 18 meses, y no antes de los 12. Esto le permite a tu Aussie terminar su desarrollo físico y , al mismo tiempo, obtener los beneficios de la esterilización.

Foto cortesía de Samantha Davenport IG @coopandtug

Si eliges demorar la esterilización o castración de tu Aussie, es muy importante que te comprometas a evitar que tenga una camada por accidente. Nunca permitas que tu perro ande suelto, y si es una hembra, presta mucha atención a los signos de su primer celo, que puede aparecer después de los seis meses. Notarás cambios de humor, la vulva hinchada y un sangrado que puede durar de una a tres semanas. Mantenla alejada de cualquier perro macho durante al menos tres semanas. Nunca la pierdas de vista cuando salga al patio o a pasear, siempre debe estar con correa y, si es posible, detrás de una valla. Los machos pueden ser muy persistentes cuando detectan a una hembra en celo. Tambien hay bragas especiales que puede usar mientras está en casa para contener el sangrado.

Si prefieres una alternativa a las cirugías tradicionales de esterilización o castración, existen procedimientos como la esterilización con conservación de ovarios o la vasectomía. Estas técnicas permiten que el perro mantenga sus órganos sexuales, lo que significa que sigue produciendo las hormonas necesarias para el crecimiento y desarrollo adecuados, pero ya no puede reproducirse. La desventaja es que solo se ofrecen en algunas clínicas veterinarias, generalmente con especialistas en reproducción canina. Además, tu Aussie seguirá comportándose como un perro normal, pero con una buena educación, se pueden evitar la mayoría de los comportamientos no deseados.

Enfermedades y afecciones comunes en Pastores Australianos

"Habla con tu criador sobre problemas de salud; aprende qué hay en el historial familiar y qué esperar. Hay un maravilloso sitio web 'www. ashgi.org' con mucha información importante sobre la salud de esta raza."

Melonie Eso
WCK Aussies

Los Aussies, como cualquier raza, pueden ser propensos a ciertos problemas genéticos de salud. La displasia de cadera es de los más frecuentes. Es una malformación dolorosa de la articulación de la cadera y puede heredarse, aunque puede ser causada por diferentes factores ambientales y nutricionales. También puede aparecer displasia de codo, una malformación de la articulación del codo, cuyos síntomas incluyen dolor, rigidez, cojera y otros problemas al caminar. Estas condiciones pueden diagnosticarse con una radiografía. Asegúrate de que tu Aussie reciba una dieta equilibrada y no suba de peso. No permitas que tu cachorro salte de forma repetida y evita el ejercicio de resistencia antes de su adultez.

Varios trastornos oculares afectan a los Pastores Australianos, incluidas las Cataratas Hereditarias (HC o HSF4, por sus siglas en inglés), la Anomalía Ocular del Collie (CEA, por sus siglas en inglés) y la Atrofia Progresiva de Retina (PRA, por sus siglas en inglés). Se pueden realizar pruebas genéticas para descartar estas enfermedades, aunque HSF4 no es responsable de todos los casos de cataratas hereditarias. Si bien los perros ancianos pueden desarrollar cataratas debido al envejecimiento, las cataratas hereditarias suelen aparecer mucho antes y pueden causar ceguera total. La Anomalía Ocular del Collie causa varios defectos en el tejido del ojo, que van desde poca discapacidad visual hasta ceguera total. La CEA es más comun en cachorros y no es progresiva, y se puede diagnosticar mediante un examen oftalmológico. La Atrofia Progresiva de Retina, por otro lado, es una degeneración progresiva del tejido retiniano que conduce a la ceguera y puede tardar varios años en manifestarse en los exámenes médicos.

Las enfermedades autoinmunes también son bastante comunes en los Aussies y pueden causar una mucho sufrimiento cuando son graves. Este grupo de trastornos ocurre cuando el sistema inmunológico del cuerpo comienza a atacar a sus propios tejidos; puede ser hereditario, pero también suele ser desencadenado por factores ambientales. Las enfermedades autoinmunes más comunes en esta raza incluyen: alergias moderadas a severas, tiroiditis autoinmune (hipotiroidismo), enfermedad inflamatoria intestinal, Lupus y Pénfigo. No existe una prueba genética para las enfermedades autoinmunes y, desafortunadamente, muchas tardan varios años en desarrollarse. Las visitas regulares al veterinario ayudarán a detectar estas enfermedades a tiempo.

Foto cortesía de Eva Kory

Algo que hay que evitar es la cruza entre dos perros merle. El patron Merle es hermoso, pero si un cachorro hereda el gen Merle de ambos padres, tiene un alto riesgo de nacer con problemas graves como sordera, defectos oculares graves e incluso ceguera total. Algunos nacen sin ojos o con ojos muy pequeños.

El cáncer es una de las causas más comunes de muerte en los Aussies, específicamente dos tipos: Linfoma y Hemangiosarcoma. El primero es cáncer del sistema linfático, mientras que el segundo es cáncer de las paredes de los vasos sanguíneos. Por desgracia, no existe una prueba genética para detectarlos. El cáncer típicamente afecta a perros mayores de seis años. Los síntomas generales incluyen pérdida de apetito, letargo, pérdida de peso y depresión. Estos síntomas deben ser revisados lo antes posible por tu veterinario.

Otro problema que da mucho miedo es la epilepsia. Muchas, si no la mayoría de las convulsiones, no son causadas por epilepsia hereditaria, pero para hacer un diagnóstico correcto hay que descartar un montón de otras causas primero . Si tu Aussie llega a tener una convulsión, debe recibir una evaluación completa y ser monitoreado bajo observación. Lamentablemente, no hay una prueba genética disponible para ayudar a prevenirla. Si llega a un diagnóstico de epilepsia, podrías ayudar a la investigación participando en algún estudio con una muestra de sangre.

Uno de los trastornos más importantes que debes conocer es la Resistencia a Múltiples Fármacos (MDR1), también conocido como sensibilidad a la Ivermectina. Este gen hace que los perros no puedan tolerar ciertos medicamentos que sí son seguros para otros peros. Alrededor del 50% de la raza porta este gen. Por eso, si tu perro es portador o no sabes si lo es, nunca le des los siguientes medicamentos sin consultar con tu veterinario:

- Selamectina
- Milbemicina
- Moxidectina
- Loperamida
- Acepromacina
- Butorfanol
- Ciertos medicamentos de quimioterapia
- Emodepsida
- Eritromicina
- Vincristina
- Vinblastina
- Doxorrubicina

Estos fármacos pueden causar convulsiones, coma y muerte en perros con MDR1. No tengas miedo de insistirle al personal veterinario para que lo tenga en cuenta antes de recetar algo.

Los criadores responsables son clave en la lucha para mantener esta raza lo más sana posible. Los perros utilizados en programas de cría deben someterse a radiografías para verificar la displasia de cadera y codo, y exámenes oculares anuales realizados por un oftalmólogo veterinario para detectar trastornos oculares. Muchos criadores también realizan un panel genético para identificar portadores de otras enfermedades.

Aun así, hay problemas para los que no existen pruebas, como la epilepsia, trastornos autoinmunes, alergias y cánceres con tendencia hereditaria como linfoma y hemangiosarcoma. Si tu Aussie es diagnosticado con alguna de estas enfermedades, asegúrate de contactar a tu criador e informar de la situación. Esa información es super útil para mejorar futuros planes de cría. Muchos criadores responsables también ofrecen una garantía de salud genética por varios años. Recuerda que ningún criador quiere criar perros enfermos a propósito. La mayoría ama a sus perros y se esfuerza por hacer lo correcto. Se comprensivo y colabora: ¡ambos quieren salud y felicidad para tu Aussie!

Seguro para mascotas

El seguro para mascotas funciona de manera similar al seguro de salud para humanos. Si bien la atención de rutina es generalmente asequible, las lesiones y enfermedades importantes pueden ser muy costosas. Si optas por contratar un seguro para mascotas, lo ideal es hacerlo cuando tu perro es joven, ya que el costo será más bajo. Además, cuanto antes lo tengas, mejor, ya que el seguro no cubre enfermedades o condiciones preexistentes antes de contratarlo. No dudes en buscar cotizaciones para obtener la mejor oferta posible.

Otra opción es crear una cuenta de ahorros donde reserves una cantidad mensual para el cuidado de tu Aussie, de modo que estés preparado en caso de una emergencia. Justamente, las emergencias suelen aparecer cuando menos lo esperas, así que es mejor estar preparado para no andar a las corridas a último momento.

Entender los cuidados básicos de salud para tu Aussie es una parte fundamental de tener un perro. Desde llevarlo al veterinario, hasta prevenir parásitos externos e internos, hasta comprender cómo funcionan las vacunas: eres tú quien cuida y protege su salud. Las decisiones que tomes, cómo que tratamientos dar o que preventivos usar, marcan una gran diferencia. ¡Tu Aussie depende de ti para estar sano y feliz!

CAPÍTULO 15
Cuidado del Perro Senior

Los años dorados son una etapa especial y preciada en la vida de tu Aussie. Lo has visto crecer y madurar hasta convertirse en tu mejor amigo y en un miembro indispensable de la familia. Puede que ya no vea ni oiga tan bien como antes, ni sea tan ágil y rápido para correr hacia la puerta para acompañarte en una nueva aventura, pero sigue queriéndote tanto como siempre.

Fundamentos del Cuidado del Perro Senior

Foto cortesía de Evie Simons

Por lo general, los años de vejez comienzan cuando un perro alcanza los siete u ocho años. Algunos envejecerán más rápido o más lento que otros, pero esta es la etapa en la que se empiezan a observar algunos cambios físicos y de comportamiento. Mantener a los perros mayores sanos y cómodos es fundamental para su bienestar. A veces, esto implica cambios en su rutina y entorno para que se sientan mejor.

Algunos perros pueden parecer más gruñones al envejecer. En realidad, este cambio de comportamiento suele ser causado por malestar, como dolor en las articulaciones, o quizás no vea ni oiga tan bien como antes, lo que le pondrá nervioso. Si notas un cambio significativo

Foto cortesía de
Mary Stake

o preocupante en el comportamiento llévalo al veterinario para descartar causas físicas o médicas.

Acicalamiento

Las sesiones de acicalamiento, aunque quizás antes tu Aussie las disfrutaba, pueden volverse más pesadas para ambos. Permanecer de pie durante mucho tiempo puede resultar imposible para perros ancianos con articulaciones rígidas y adoloridas. Por eso, lo mejor es hacerlo en varias sesiones y permitir que tu Aussie tenga descansos. Puedes enseñarle a dejarse acicalar mientras está acostado de lado. Aunque los flecos del pelaje son hermosos, quizás debas considerar recortarlos más para facilitar su mantenimiento. Si lo llevas a un peluquero, procura que las sesiones sean más cortas y frecuentes para que le resulten más llevaderas.

Durante el acicalamiento, aprovecha para revisar si hay bultos, lunares nuevos, pérdida de pelo o cambios en el color de la piel. Algunos pueden ser cambios inofensivos relacionados con la edad, mientras que otros podrían indicar cáncer u otras enfermedades asociadas a la vejez. Si tu Aussie empieza mostrarse muy incómodo o dolorido durante o después del cepillado, consulta a tu veterinario por opciones de medicación para el dolor o la inflamación.

Nutrición

Muchos perros mayores ya no son tan activos como solían ser. Pueden aumentar de peso, lo que ejerce aún más presión sobre sus articulaciones. Si a tu Aussie se le dificulta mantener un peso corporal saludable, considera cambiar a un alimento de calidad, con menos calorías, destinado al control de peso. Alternativamente, puede reducir las porciones de comida y agregar judías verdes enlatadas sin sal añadida. La fibra ayudará a que su perro se sienta más lleno mientras ingiere menos las calorías.

Algunos suplementos pueden beneficiar a las mascotas en su vejez, estos son la glucosamina, la condroitina, el polvo de mejillón de labios verdes y los ácidos grasos omega 3. Todos estos pueden ayudar a mantener las

Foto cortesía de
Cynthia Hokes

*Foto cortesía de
Kaity Sevits*

articulaciones sanas. También es común que los perros mayores desarrollen sensibilidad intestinal; es ese caso, un probiótico puede ayudar a aliviar problemas como gases o heces sueltas.

A veces, los perros mayores pueden desarrollar problemas médicos que requieren una dieta especial prescrita por tu veterinario. Estas podrían incluir alimentos con menos proteínas en caso de problemas renales, o dietas bajas en grasas si hay problemas de páncreas, entre otros. Consulta con tu veterinario si tu Aussie necesita una dieta especifica.

Ejercicio

Aunque moverse puede ser más difícil con la edad, el ejercicio sigue siendo una parte muy importante de la salud de tu Aussie. ¡Los Pastores Australianos fueron creados para estar en movimiento! Cuanto menos se mueva, más rápido se deteriorará su cuerpo. El ejercicio regular y suave mantiene los músculos y las articulaciones fuertes y mejora el flujo sanguíneo. También ayuda a controlar el peso, lo que a su vez reducirá la tensión en las articulaciones. Las formas apropiadas de ejercicio pueden incluir caminatas, natación y sesiones cortas de buscar la pelota. Eso sí, ten cuidado de no excederte, tu Aussie ya no tiene la resistencia que solía tener. Incluso si hoy parece estar bien, mañana puede estar adolorido por el sobreesfuerzo. Si notas eso, reduce la intensidad y duración la próxima vez.

Presta atención al clima cuando ejercites a tu Aussie. Los perros mayores son más sensibles al calor y al frío. Reduce la duración de las sesiones de ejercicio en temperaturas extremas, o mantenlo dentro durante el día.

Aunque tu Aussie no sea tan ágil como solía ser, sigue siendo muy inteligente y disfrutará cualquier actividad contigo. Los perros ancianos pueden aprender nuevos trucos, y la edad no es excusa para descuidar su bienestar mental. ¡Toma una clase o enséñale un nuevo juego para mantener su mente activa! Los juegos interactivos de rompecabezas donde tenga que resolver algo para ganar una recompensa, también son una excelente opción para mantenerlo entretenido.

Dolencias Comunes de la Vejez

A medida que tu Aussie envejece, será más propenso a diversas enfermedades y dolencias. Entre las más comunes está la artritis. Al igual que en las personas, las articulaciones de un perro comienzan a deteriorarse con la edad. Esto puede resultar en dolor, rigidez y depresión. Los medicamentos recetados por el veterinario y los suplementos pueden ayudar mucho a mantener a que tu perro está más cómodo. Mantener a tu Aussie en un peso saludable y asegurarte de que haga algo de ejercicio también puede frenar el avance de esta condición.

La pérdida de visión y audición también son bastante comunes en perros mayores. Puede que notes que ya no viene cuando lo llamas, o no que no corra hacia la puerta cuando alguien llega, simplemente porque ya no escucha bien. Puede parecer torpe o desorientado si cambias los muebles de lugar, ya que sus ojos no pueden captar los cambios en su entorno tan fácilmente. Asegúrate de acercarte con cuidado cuando esté durmiendo o no te haya visto, ya que un susto lo puede hacer reaccionar bruscamente. Usa tu voz para avisarle que estas cerca si tiene problemas de visión. Y, si no escucha bien, puedes dar golpecitos suaves en el suelo con el pie para llamar su atención o tócalo suavemente en la espalda.

Otra dolencia que afecta a los perros mayores es la pérdida del control de esfínteres. Si tu Aussie comienza a tener "accidentes" dentro de la casa, llévalo al veterinario para descartar problemas de salud. A veces esto solo se debe a la vejez y al debilitamiento de los músculos que controlan los intestinos y la vejiga. Es posible que necesite salir con más frecuencia o que tengas que enseñarle a usar una almohadilla sanitaria. En casos más complicados, se pueden usar pañales, pero con mucho cuidado, ya que, si no se mantienen limpios y secos, pueden causarle irritación o quemaduras por orina..

Las enfermedades cardíacas y hepáticas son dos dolencias graves que pueden afectar a los perros ancianos. Entre los síntomas de problemas cardíacos están la tos, la fatiga y la dificultad para respirar. Si hablamos de los riñones, hay que estar atentos a signos como vómitos, letargo y aumento de la sed. Si notas alguno de estos síntomas, llévalo al veterinario de inmediato.

El cáncer es otra de las causas más comunes de muerte en perros. Hay muchos tipos y pueden afectar a casi todos los tejidos del cuerpo. Algunos signos de alerta incluyen bultos, protuberancias debajo de la piel, hinchazón abdominal, llagas que se niegan a sanar, cambios en el apetito y depresión. Algunos tipos de cáncer se pueden tratar con cirugía, mientras que otros no tienen cura y lo mejor que podemos hacer es darle calidad de vida y mantenerlo lo más cómodo posible.

Las visitas regulares al veterinario son clave para mantener a tu Aussie sano y con buena calidad de vida durante sus años dorados. Es recomendable realizar análisis de sangre al menos una vez al año para detectar cualquier problema oculto. Aprovecha estas consultas para discutir cualquier cambio que hayas notado en su comportamiento o salud; podrían ser señales tempranas de alguna enfermedad.

Cuando es hora de decir adiós

Pensar en el final de la vida de tu compañero peludo es algo que nadie quiere hacer, pero es importante reflexionar sobre este momento tan difícil y, tarde o temprano, inevitable. A muchos les cuesta decidir cuándo es el momento adecuado para despedirse. Piensa en la salud y la felicidad de tu Aussie: ¿todavía tiene más días buenos que malos? ¿Come bien y parece disfrutar de la vida? ¿Puedes mantenerlo cómodo sin que sufra? Si la respuesta a cualquiera de estas preguntas es "no", tal vez sea el momento de considerar la eutanasia. Habla con tu veterinario para saber si hay algo que puedas hacer para mejorar su calidad de vida.

Intenta no esperar hasta que tu Aussie esté sufriendo. Cuando los días malos se vuelven tan frecuentes como los buenos, considera hacer uno de esos días realmente buenos y convertirlo en un último día especial. Llévalo a tomar un helado, parque, haz eso que tanto le gusta, y crea recuerdos juntos. Tómate unas fotos con él que puedas guardar para siempre.

A veces, el deterioro es tan rápido que no te queda otra opción que llevarlo de urgencia al veterinario. De todos modos, tomar la difícil decisión de dejarlo ir nunca es fácil, pero se necesita mucha valentía y amor para hacer lo correcto por tu Aussie , aunque eso signifique decir adiós. Cuando llegue el momento, tu veterinario te llevará a una sala privada para que puedas estar con él. Podrás abrazarlo o sostenerlo hasta el final, lo cual será un gran consuelo para tu perro. Tu veterinario te explicará lo que está haciendo en cada paso y por qué. Por lo general, se administra un sedante que lo induce a un sueño profundo en unos quince minutos. Luego, se le aplica una inyección letal que hace que su respiración y su corazón se detengan en cuestión de minutos. Puede que veas algunos espasmos musculares o movimientos reflejos, pero eso es completamente normal, tu Aussie no sentirá dolor ni molestia alguna.

Después, tendrás que pensar que hacer con sus restos. Aunque muchos optan por enterrar a sus mascotas en el jardín, puede no sea lo mejor e incluso puede que no sea legal en su país. Si decides hacerlo, asegúrate de enterrarlo al menos a un metro de profundidad para evitar que otros animales lo desentierren.

Otra opción es la cremación, es más respetuoso con el medio ambiente. Los restos son incinerados y te devuelven las cenizas en una urna que puedes guardar o enterrar. También hay artesanos que trabajan con vidrio soplado y pueden hacer colgantes o esculturas con una parte de las cenizas, creando un recuerdo muy especial.

Y si las circunstancias lo permiten, podrías donar el cuerpo de tu Aussie para la investigación veterinaria. Habla con tu veterinario sobre esta posibilidad y si hay universidades o centros que acepten este tipo de donaciones. Esto puede ayudar a otros perros en el fututo al brindar información valiosa a científicos y profesionales de la salud.

Compartir tu vida con un Pastor Australiano es experiencia única y un verdadero privilegio. Estos perros tienen una personalidad enorme, y no es de extrañar que quienes los conocen bien los amen tanto. A veces no somos todo lo que ellos necesitan, pero aun así nos perdonan y nos aman igual. Criar a un Aussie puede llevar tiempo, pero su mirada intensa e inteligente, su colita moviéndose feliz y su energía incansable hacen que cada segundo valga la pena.